敦煌艺术

手机扫一扫，看视频、听音频

视频

莫高窟

飞越敦煌

一事一生，一人一窟
赵声良

一事一生，一人一窟
苏伯民

一事一生，一人一窟
王惠民

一事一生，一人一窟
赵晓星

音频

《敦煌艺术》
全书朗读

2021年主题出版重点出版物

写给青少年的

敦煌故事

敦煌研究院 编　赵声良 主编

敦煌艺术

赵声良 著

读者出版传媒股份有限公司
甘 肃 教 育 出 版 社

图书在版编目（CIP）数据

写给青少年的敦煌故事. 敦煌艺术 / 敦煌研究院编 ; 赵声良主编 ; 赵声良著. -- 兰州 : 甘肃教育出版社, 2021.12
ISBN 978-7-5423-5325-2

Ⅰ. ①写… Ⅱ. ①敦… ②赵… Ⅲ. ①敦煌学—青少年读物 Ⅳ. ①K870.6-49

中国版本图书馆CIP数据核字（2021）第277122号

写给青少年的敦煌故事 敦煌艺术
敦煌研究院 编 赵声良 主编 赵声良 著

策　　划 王光辉 薛英昭 孙宝岩
项目负责 伏文东 王露莹 何佩佩
责任编辑 刘正东
装帧设计 石 璞 雷们起 张小乐
视频支持 敦煌研究院 敦煌市融媒体中心
图片支持 敦煌研究院
音频支持 甘肃飞天电子音像出版社

出　版 甘肃教育出版社
社　址 兰州市读者大道568号 730030
网　址 www.gseph.cn E-mail gseph@duzhe.cn
电　话 0931-8436489（编辑部） 0931-8773056（发行部）
传　真 0931-8435009
淘宝官方旗舰店 http://shop111038270.taobao.com

发　行 甘肃教育出版社 印 刷 山东新华印务有限公司
开　本 787毫米×1092毫米 1/16 印 张 17.25 字 数 167.5千
版　次 2021年12月第1版
印　次 2021年12月第1次印刷
书　号 ISBN 978-7-5423-5325-2 定 价 58.00元

总序

敦煌石窟包括莫高窟、榆林窟、西千佛洞等，共800多个洞窟，其中有5万多平方米的壁画和2000多身彩塑。1900年在莫高窟的藏经洞出土了6万多件古代珍贵文献和艺术品。这些无限丰富的文物，构成了敦煌文化的主体。

那么敦煌文化到底有什么价值和意义呢？习近平总书记在敦煌研究院座谈时指出，敦煌文化是各种文明长期交流融汇的结晶。敦煌文化展示了中华民族的文化自信。

敦煌作为中国古代通向西域的重要门户，中华文明同来自古印度、古希腊、古波斯等不同国家和地区的思想、宗教、艺术、文化在这里汇聚交融。敦煌文化就是中外文化交流的结晶，它见证了中华民族和丝绸之路沿线的各国各民族共同推动人类文明向前发展的历史。敦煌文化还体现了中国文化的包容性，包括对宗教的包容、民族文化的包容、审美价值取向的包容。这种包容性使敦煌文化具有世界性。

100多年前，敦煌藏经洞文物流失海外，引起了各国学者对这些文献的研究，形成了世界性的学科——敦煌学。经过100多年的发展，今天，世界上已有20多个国家的学者在进行敦煌学和相关领域的研究，敦煌学成为中外学者相互交流的重要内容。我国的敦煌学研究曾经历了曲折的阶段，从最初“敦煌在中国，研究在国外”的状况发展到了今天学术研究走在世界前列。特别是改革开放以来，中国的学者对敦煌文化各个领域都进行了深入研究，推出了越来越多的研究成果，极大地促进了相关科研、教育及文化建设的发展。今天我们正处在中华文化振兴和繁荣的大时代，挖掘并传播弘扬优秀传统文化，是我们研究者义不容辞的责任。

文化是需要传承的。我们要将敦煌文化广为传播，让全社会都了解敦煌，并从敦煌文化中获得中华优秀传统文化的滋养，从而更好地弘扬传统文化，树立文化自信。青少年是祖国的未来，让我国的青少年从小就学习、了解敦煌文化的真髓，有利于他们正确把握我国优秀传统文化的精神。本套丛书就是希望通过青少年喜闻乐见的方式，以适合青少年年龄特征和阅读习惯的文字，深入浅出地把敦煌文化传递给他们。希望越来越多的青少年朋友们通过这套丛书了解敦煌文化、热爱敦煌文化，并从中获得丰富的知识和灵感，提高自身的文化艺术素养。

赵声良

2021年12月

目录

前　言

充满人间气息的佛像

佛像画的世界

美丽的天使——飞天艺术

佛教故事画

佛国之境（经变画）

青山绿水看唐风

前言

莫高窟位于敦煌市东南二十五公里处宕泉河畔，宕泉河水源于南部数百公里处祁连山的支脉，自南向北流下。宕泉河下游把地势分成了两部分，东面是三危山（图1、图2），山石坚硬，西侧是由沙漠形成

图1　三危山

图 2　三危山

的鸣沙山，山势平缓，常有流沙。据说在前秦建元二年（366 年），一个叫乐僔的和尚从中原云游至此，当他面对三危山参禅入定之时，忽见对面的三危山上出现了万道金光，在金光中仿佛有千佛化现而出。乐僔感到十分神奇，他想一定是虔诚修行得到的感应，便决定在此住下修行。于是，他在宕泉河西岸的岩壁上开凿了一个石窟，用于坐禅修行。不久，一个叫法良的和尚从东方来到这里，在乐僔的禅窟旁又开凿了一个石窟。此后，这里石窟开凿得越来越多，有的是和尚们坐禅用的禅窟，更多的则是世俗的人用来礼拜的洞窟。到了唐代，石窟已达一千多座。这一片石窟后被称为“莫高窟”，也叫千佛洞（图 3、图 4）。

图 3 莫高窟外景

莫高窟开窟的故事，来自唐代碑文的记录。虽说其中不免带有传说的成分，但从历史上考察，敦煌在魏晋南北朝时期已经是佛教兴盛之地，石窟和寺院的营建，完全是合乎史实的。

敦煌早在公元前 111 年的西汉时代就已设郡，这加强了与中央政府的联系。在此后西汉至东汉与西域的多次征战中，敦煌成为强大的后方基地，具有十分重要的战略地位。张骞通西域以后，丝绸之路不断繁荣，敦煌以其得天独厚的条件，源源不断地接受着来自西域和内地的不同风格文化艺术的影响，最终形成了敦煌石窟这一独特的文化现象。

图 4　莫高窟九层楼外景

石窟这种形式最早源于古代印度。至今印度还保存着著名的阿旃陀石窟、埃洛拉石窟等多处石窟寺。佛教产生以后，作为日常工作，僧侣们要进行修行、说法等各种佛教活动，于是针对不同的需要，就产生了相应的寺院和石窟等建筑。寺院是以砖石或木材建立的房屋建筑，而石窟则是开凿在山崖中的洞窟。本来，寺院与石窟有着同样的功能，为什么有了寺院后还要建立石窟呢？这恐怕有两个原因：一是寺院多建立在城市里，虽然有利于传播佛教教义，但僧侣们要修行，需要一个更为安静的环境。在幽静的山上或森林中，最适合修行之道，在山里凿窟而居便成了佛教徒修行的重要方式；二是土木结构的寺院常常会因火灾而化为灰烬，地处闹市也会因政治变动或战争而受灾。所以，选择在山中凿窟以代替寺院，其中也有避灾远祸的用意。因此，除了敦煌之外，在中国内地不少地方也开凿了石窟，如位于山西省大同市附近的云冈石窟，河南省洛阳市附近的龙门石窟，河北省邯郸市附近的响堂山石窟，甘肃省天水市附近的麦积山石窟，等等。这些石窟都有一个特点，虽然总是选择风景优美的地方，但离一个城市的距离少则十来公里，多则二十多公里，在古代是人们步行可以到达的距离，这样就可以维持正常的生活供给。同时，也让信众们去参拜时不至于太辛苦。现在敦煌市到莫高窟的公路有二十五公里，而古代从市镇穿越沙漠到达石窟的路途则只有十多公里。

敦煌石窟从建筑形制来看，大体上有三种形式：

1. 禅窟，是僧人们用以坐禅修行的洞窟（图5）。

2. 中心柱窟，它源于印度的支提窟，也称塔庙窟（图6）。支提的意思是塔。塔本是存放佛舍利（舍利，指佛的遗骨）的地方。在佛像产

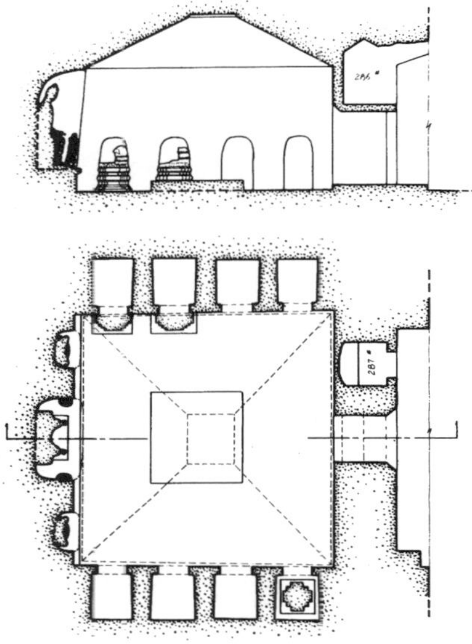

图 5　禅窟　莫高窟第 285 窟平剖面图

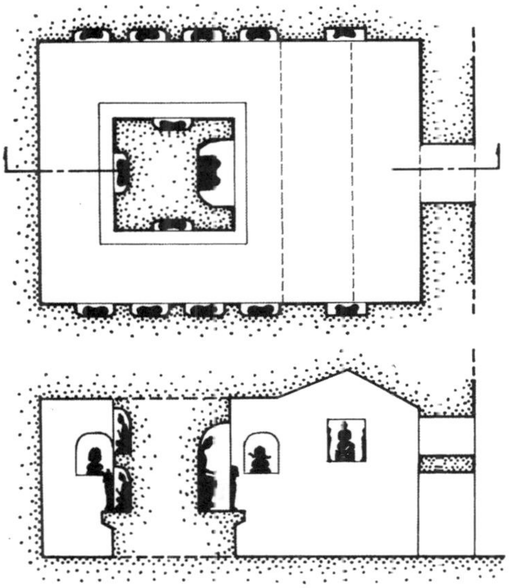

图 6　中心柱窟　莫高窟第 254 窟平剖面图

生之前，塔作为佛的象征物而被崇拜，所以，在寺院和石窟中建塔，人们绕塔礼拜。敦煌的塔庙窟平面为长方形，在洞窟的后部有一个方形的柱子直通窟顶，称为塔柱，象征着佛塔，供人礼拜。

3. 殿堂窟（图 7），是敦煌石窟中为数最多的洞窟，通常平面为方形，在石窟正面开一大龛。这种洞窟的空间较大，如殿堂一样，所以称为殿堂窟。因窟顶为覆斗顶形，也叫覆斗顶窟。唐代后期还出现了一种不开龛的殿堂窟，只在窟中央设佛坛，佛坛上有众多佛像。

除了以上三种洞窟型制外，还有大像窟和涅槃窟等特别的窟型。不管是什么型制的洞窟，窟内都要塑佛像供人礼拜，窟顶和四壁都画满了壁画。壁画的内容主要是依据佛经画出佛像或者佛教故事，表现佛国世界，配合塑像，使窟内形成一个完整的佛教世界。在佛教崇拜

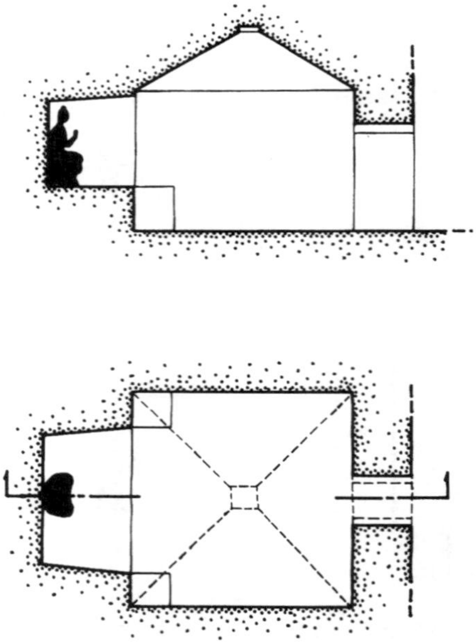

图 7　殿堂窟　莫高窟第 217 窟平剖面图

的时代，艺术家们倾注了极大的热情来描绘佛教的各种内容，留下了无比精美的艺术作品。虽经千百年自然和人为的破坏，但莫高窟至今仍保存着两千多身彩塑和五万多平方米的壁画。这些壁画和彩塑包含着宗教、历史、文化等多元的内容，是我们了解公元 4 世纪至 14 世纪中国传统文化以及中外文化交流的重要资料。同时，作为艺术品，它反映了中古时代我国绘画和雕塑艺术的重要成果，是中国和世界人类文化艺术的瑰宝。这些精美绝伦的艺术，对于我们今天的艺术创作和欣赏均具有十分重要的意义。

XIEGEI
QINGSHAONIAN
DE
DUNHUANG
GUSHI

写给青少年的
敦煌故事

充满人间气息的佛像

中国古代雕塑作品保存至今者，有相当一部分都与佛教相关。这些佛教雕塑构成了中国雕塑史的主旋律。莫高窟中的雕塑作品以其时代的完整性和系统性，反映着近千年中国雕塑发展的历史，为重新认识中国美术史提供了大量珍贵的资料。

佛教传入中国后，由于各地寺院石窟的繁荣，佛像的制作就成为一种广泛的社会需要，从而大大地刺激了雕塑艺术的发展。所以佛教也称作“像教”，说明“像”在佛教中占有重要的地位。可以想象：宗教的发展，形成了对佛教雕塑、绘画的一股强大的社会需求，使当时的中国投入了比以往任何时代都要多得多的美术工匠。秦汉以来，中国雕塑曾经取得辉煌的成就，也形成了中国雕塑的传统。但是由于佛教来自外国，佛教的塑像作为一种崇拜物也是从外国传来的，所以，最初的佛像雕塑往往是取法于印度和西域传来的佛像样式，外来的造型观念及手法成为新的时尚。于是，包括犍陀罗风格、马图拉风格以及龟兹风格等由西域而传入的雕塑便大量地出现在敦煌和中国北方的石窟与寺院中。随着佛教在中国的进一步发展，随着佛教与中国本土的儒家、道家思想的斗争与融合，外来的审美意识也与汉民族传统的审美观念之间不断地产生冲突与融合，中国传统的审美趣味便逐渐渗透进了佛教雕塑中，经过不断地交融、改革，终于在南北朝后期到隋唐时代，逐步确立了中国式的佛教雕塑。也正是在与外来艺术的冲击与融合中，中国的雕塑艺术得以迅速向前发展。

莫高窟中保存的十六国至元代各朝代的彩塑达两千多身，较为完整地反映了近千年佛教雕塑艺术在中国发展的历程，可以说是一部形象的雕塑史。

早期彩塑——外来风格与中原风格并存

佛像是一个洞窟的主体，是人们崇拜的对象。莫高窟早期洞窟中的彩塑具有浓厚的外来艺术风格。一方面佛教是从印度经西域传来的，对于当时的人们来说，印度和西域的样式具有一定的权威性；另一方面，中国的雕塑家们还没有一套表现佛像的技法，还需要学习和采用外来的雕塑手法。

在北凉第 275 窟内，有一尊高达 3 米的交脚弥勒菩萨像，头戴三面宝冠，面相庄严，鼻梁高而直，双目有神，上身半裸，身着短裙，交脚坐于双狮座上（图 8）。早期的交脚菩萨像一般被认为是弥勒菩萨，弥勒菩萨先是在兜率天宫修行。兜率天是佛教所说的欲界六天中的第四天。佛经上说弥勒菩萨在未成佛之前就是居住在兜率天宫宣说佛法的。后来，释迦牟尼涅槃后，弥勒菩萨从天宫下凡人间而成佛。所以弥勒佛称为未来佛。在释迦牟尼涅槃之后，就会接替释迦牟尼成为未来佛。早期的佛教强调“禅观”，僧人们修禅时，观弥勒菩萨像，观兜率天，念弥勒佛名，可往生兜率天及来世遇见弥勒。所以这一时

图 8　交脚菩萨　莫高窟第 275 窟　北凉

期的弥勒菩萨像盛行。弥勒造像最早出现于公元 2 世纪至 4 世纪，盛行于印度北部的犍陀罗地区。犍陀罗雕刻中的弥勒身披璎珞、天衣，戴项饰、臂钏或冠饰等，做菩萨打扮；造像特征是长卷发垂肩，头上结髻及左手持瓶（图 9）。从第 275 窟这尊交脚弥勒塑像可以看出较浓厚的犍陀罗艺术特征。如交脚坐式、三面冠、三角靠背以及双狮座均可以从犍陀罗艺术中找到例子。

第 275 窟南北两壁上部各开三龛，其中内侧两龛为阙形龛，也塑交脚菩萨，表现弥勒菩萨高居兜率天宫。这些小型的弥勒菩萨头戴宝冠，宝冠上饰有化佛，上身半裸，腰束羊肠裙，项饰璎珞，身披天衣，双脚足踝部相交。阙形龛仿照汉式城阙形式，是敦煌石窟中特有的龛形。按古代的礼制，阙为帝王住所的建筑特征，在此用来表示弥勒所居的兜率天宫，表明了中国人对佛教的崇敬。

图 9　犍陀罗雕刻菩萨像　2 世纪

北魏以后，彩塑的数量增多了。中心柱正面主尊佛像多为交脚坐式和倚坐式佛像，其余三面多为结跏趺坐的形式。结跏趺坐是佛教修行最常见的坐式，形式为双膝弯曲，盘腿而坐，双足的足心向上，双手相叠放于两足上。其中又分为降魔坐和吉祥坐两种。降魔坐为：先以右足压左股上，后以左足压右股上；二足掌仰于二股上，手也是左手居上。吉祥坐为：先以左足压右股，后以右足压左股。这些彩塑的造型特点是比例适中，袈裟厚重，衣纹写实。第 254 窟、第 259 窟等窟的彩塑是北魏时期的代表。

第 259 窟是北魏石窟中彩塑较多的一窟，除正壁开一龛塑有二佛并坐像外，在南北两壁各开有列龛，分别塑佛像与胁侍菩萨像，现存全窟塑像十九身。正壁龛内塑释迦牟尼、多宝佛并坐说法像。二佛高 1.40 米，高螺髻、波状发型，前额宽广，鼻梁高耸，眼睛较大，两眉之间有毫相，偏袒右肩（图 10）。

图 10　释迦多宝并坐像　莫高窟第 259 窟　北魏

释迦牟尼和多宝佛并坐说法像是根据《法华经·见宝塔品》的内容塑造的。经中说在释迦牟尼讲《法华经》之时，多宝佛便从地下涌出七宝塔升虚在半空中。释迦牟尼以右指开启塔门，多宝佛于其中分半座请释迦牟尼入塔。多宝佛是过去佛，佛经以多宝佛证明了释迦牟尼的正确。随着《法华经》的流行，释迦牟尼、多宝二佛并坐像也多见于云冈石窟、炳灵寺石窟、麦积山石窟等。

南北壁分上下两层开龛，上层为阙形龛，内塑交脚弥勒菩萨。下层为圆券龛，内塑坐佛，佛两侧均有胁侍菩萨。北壁下层龛内的佛像塑造精美，保存也较好。如东侧的这尊佛像结跏趺坐，身着通肩袈裟，用阴刻线表现细腻的衣纹，线条自然流畅，表情恬静、淡泊，目光似乎露出睿智的光芒。嘴角微微显露出笑意，似乎有一种发自内心的喜悦。或许这正是佛教所追求的禅定的境界。下层中央佛龛内的佛像为倚坐佛，着袒右袈裟，衣纹简洁，头部微低，目光下视，面部表情呈现出恬静的愉悦，与东侧的佛像类似，成为北魏佛像“古典式微笑”的典型(图 11)。

北魏佛像还有一种苦修像，表现释迦牟尼在成佛之前于山中苦修的状况。第 248 窟中心柱西向面下层龛，在龛两侧以绘塑结合的形式分别表现树木，所以这样的龛又称“双树龛”。龛内就是释迦牟尼苦修像，佛像结跏趺坐，着宽松的双领下垂式袈裟，露出里面的僧祇支(指僧人所穿的一种类似于衬衣的内衣)。佛面庞清瘦，颧骨凸出，透过袈裟衣纹，下面的肋骨也历历可见(图 12)。苦修像最早也出现于犍陀罗雕刻中。犍陀罗雕刻中的苦修像往往上身为裸体，夸张地表现佛像清瘦如骷髅般的样子。但敦煌彩塑中的苦修像始终没有采用那种

图 11　佛像　莫高窟第 259 窟　北魏

图 12　苦修像　莫高窟第 248 窟中心柱西向龛　北魏

过分凄惨的形象，而是相对真实地表现释迦牟尼苦修的样子，更富有人性化的色彩。

北魏后期到西魏，由于孝文帝改革，吸收了汉民族艺术风格，来自南方的艺术形式也开始在北方流行，形成了以龙门石窟为代表的中原风格，佛像雕刻，身体瘦长，面目清秀，被称为“秀骨清像”。在中原的影响下，敦煌彩塑也出现了中原风格的佛像。第 432 窟中心柱正面龛中央的倚坐佛像着褒衣博带式袈裟，衣纹形成有规律的曲线，垂下的衣角飘举流动（图 13）。龛两侧的菩萨像上身半裸，下着长裙。左侧的菩萨身上的飘带沿双臂环绕而垂下，右侧的菩萨身上的飘带在

图 13　佛像　莫高窟第 432 窟中心柱正面一组　西魏

图 14　佛像　莫高窟第 297 窟西壁龛　北周

腹前交叉而分开搭于双手腕上。在中心柱北向面的龛两侧胁侍菩萨则身体扁平，穿着宽松的大衣，飘带在腹前交叉于圆环内，更多地体现着中原佛像的特征。除了第432窟外，同时期的第435窟、第437窟等窟的菩萨也呈眉清目秀、神采飞扬、衣饰繁多、飘带较长的特征，体现着以龙门石窟为代表的新的中原风格。

北周以后，在第428窟、第297窟等窟又出现了另一种新的形式：佛像的面型较圆，五官细小而较集中，上身粗大，下半身短小。菩萨的形象也显得小巧而灵活。这些特点与西域的龟兹地区和阿富汗一带出土的塑像非常一致，表明敦煌再次吸取了西域风格。此时的佛像组合由北魏时期的一佛二菩萨变为一佛二弟子二菩萨，这样的格局一直延续到隋唐。二弟子像一身为年纪最大的弟子迦叶，表现出饱经风霜的样子；另一身为年纪最小的弟子阿难，表现出年轻聪慧的神态。这一老一少富有个性的刻画也在北周形成了一定的模式（图14）。

敦煌早期彩塑反映了强劲的外来佛教雕塑风格渐渐地与中国本土风格融合的过程。但在南北朝纷纭复杂的政治形势和文化的影响下，中原风格也呈现出多姿多彩的特点。从敦煌彩塑中也可看出，不论是来自西域、印度的风格，还是来自中原的风格，都不是一成不变的，从而形成了早期敦煌彩塑纷纭复杂的样式特征。

隋代——风格的转变期

北朝晚期以来，中原特别是华北、山东等地区接受了印度笈多朝造像艺术的影响，形成身体敦厚如圆柱形、动态较少、体积感强的造像特征。从山东青州所发现的北齐到隋代的佛像雕刻中，我们可以看到这种富有时代气息的佛教造像风格。隋代以后，这样的风格开始传入敦煌，逐渐成为此期佛教造像的主流，标志着一个新时代的开始。

隋朝的塑像有着承前启后的特征，与前期相比已有很大的发展变化。首先是内容更加丰富，塑像由一铺三身向一铺多身发展。其次是艺术上注重群体组合，从而体现出一种雄浑的气势与宗教精神。第427窟是此期的代表，全窟彩塑总数达二十八身之多。中心柱正面一铺三尊的中央佛像头微向下低，面含微笑，仿佛在俯视着尘世的芸芸众生，庄严中透出慈祥的神情，左手平伸作与愿印，右手竖掌，手指向上，施无畏印。单纯而简练的袈裟，古朴而庄重的色调，衬托出内心的厚重与睿智。佛两侧站在莲花台上的胁侍菩萨，比佛像略低，她们面容端庄，含嫣而笑。与佛不同的是，她们的衣饰华丽：右侧的菩萨头戴花蔓冠，上身着菱形连珠纹短上衣，肩挎红色帔帛，浅绿色的飘带和金色的璎珞下垂，下身着菱形花纹锦裙，一手托莲蕾，一手自然下垂；左侧的菩萨头冠已失，上衣为菱格狮凤纹，华丽的璎珞和飘带下垂，菱花格锦裙垂于脚下，一手拈花，一手紧靠腿侧，具有少女般的矜持（图 15）。南北两壁的塑像与中心柱正面塑像的姿势、神情基本一致。从身体简练的轮廓看来，我们可以感受到笈多时代马图拉以及南印度雕刻的某些特征。以超常的体量，对观众形成一种威压的气势，同时又能以慈祥而安静的神态，给观众以信赖感，从而产生巨大的宗教力量。这就是在中国的土地上形成的富有本土艺术精神的雕塑。

图 15　佛三尊像　莫高窟第 427 窟中心柱正面　隋

图 16　菩萨　莫高窟第 420 窟西壁龛外南侧　隋

如果说第 427 窟主室的佛、菩萨形象含蓄、内敛，那么前室的天王、力士则要外露得多。门两侧是护法的金刚力士。左侧力士张口大呼，右拳回收，似要砸将出去。他的头部与下颌、脖子等转折处，棱角分明，胸部、手臂隆起一块块强健的肌肉，表现出一个刚毅、勇猛的战士形象。右侧力士正紧握双拳，准备上阵厮杀。他牙关紧咬，双目圆睁，充满张力的肌肉表现出一种强烈的感情和正待暴发的力量。前室南北壁各有两身天王，这便是所谓的四大天王，在佛国世界里他们是守卫东西南北四方之神。这些天王身着铠甲、战袍，手持法器，足踏恶鬼，同勇猛的金刚力士相比，显得沉着，且面含胜利的笑意，动作豪迈而又不失将军气概。

隋代的彩塑大多注重体积感，面相丰圆，体现出一种质朴的精神。如第 419 窟、第 420 窟的彩塑菩萨，身体不像北朝晚期彩塑那样富有动态，但却显得稳重而矜持，自有一种纯朴而优雅的风姿。如第 420 窟的西壁龛外南侧的两身菩萨，亭亭玉立，一手上举，轻拂柳枝，一手提净瓶，面庞清秀、光润，神态拘谨而露出稚气（图 16）。这一时期佛弟子迦叶与阿难的形象个性化特征更加明显。如第 419 窟西壁龛内北侧迦叶像，额头上皱纹密布，眼窝深陷，胸部的肋骨凸现，表现出一个饱经沧桑的老僧形象（图 17），而与之相对的南侧阿难像则是一幅单纯的少年形象。第 412 窟的一组十三身塑像，把佛的十大弟子都塑了出来，气势宏大，造型朴拙，是隋代塑像的代表。

图 17　迦叶　莫高窟第 419 窟西壁龛内北侧　隋

唐代 走向世俗化

唐代，随着社会经济文化的飞速发展，彩塑艺术也快速走向成熟。在莫高窟初唐第 332 窟、第 57 窟等窟中的彩塑还保持着一定的隋代遗风。盛唐以后，以第 328 窟、第 320 窟、第 45 窟等窟为代表的彩塑代表着一种全新的雕塑风格，体现了唐代雕塑艺术发展的高潮。

初唐彩塑群像以第 328 窟的一铺九身塑像为代表（现存八身，其中一身已被美国人华尔纳于 1924 年盗走，现藏于哈佛大学赛克勒博物馆）。佛端坐于中央，两侧是佛弟子阿难和迦叶。阿难号称多闻第一，是最年轻的弟子，艺术家塑出他天真而略带稚气的面孔，体态潇洒，具有一种年轻的活力。与他相对的迦叶号称头陀第一，是年纪最大的弟子，他紧锁双眉，老态龙钟，一副饱经沧桑的样子。这性格鲜明的一老一少，形成强烈的对比。弟子外侧的菩萨作游戏坐式，这种坐姿显得随意、自然，配合她们健美而灵活的身体，充满了青春的魅力。外侧的几身供养菩萨跪在莲花座上，身体小巧玲珑，别有风韵。这组彩塑，不论站式、坐式，都反映出艺术家对人体比例的熟练掌握和对

图 18　佛像一铺　莫高窟第 328 窟龛内　初唐

人物神态刻画得细致入微（图 18）。

盛唐第 45 窟保存着一铺完整的七身彩塑（图 19），以佛为中心，两侧分别是弟子、菩萨、天王，均取站立姿势。阿难双手抱于腹前，身披红色袈裟，内着僧祇支，衣纹的刻画简洁、单纯，胯部微微倾斜，神态安详，在恭谨中又透出青年的朝气。迦叶则老成持重，颇具长者风范，他一手平伸，一手上举，慈祥的眼神中充满睿智的光彩。菩萨上身璎珞垂胸，帔帛斜挎，下身着华丽的锦裙；头部微侧，眼睛半闭，身体微微弯曲作“S”形；一手下垂，一手平端，动作优美，神情娴雅；洁白莹润的肌肤下面，似乎能感觉出血液在里面流动。天王身披铠甲，一手叉腰，一手执兵器，足踏恶鬼，英姿飒爽，神情激昂（图 20）。

图 19　佛像一铺　莫高窟第 45 窟龛内　盛唐

从这里可以看出，这一时期的彩塑写实性很强，艺术家们根据现实生活中的妇女、将军等形象来塑造菩萨、天王，于是这些神看起来显得格外可亲。同时，艺术家这种高度的写实技巧，又使这些塑像动态逼真、栩栩如生。而每一身彩塑的动作又各不相同：阿难双手抱在腹前，显得忠厚、谦恭；迦叶扬手似乎正在说什么；两身菩萨都一手伸出，一手下垂，显得漫不经心；天王则是表情激昂，肌肉绷紧。这一动一静、一松一紧，各具性格却又统一在佛的周围，产生了极强的艺术魅力。

另外，艺术家非常注重这些雕塑的群体性。这一组彩塑以佛为中心，左右对称排列，目光俯视。可以想象，古代的佛教信徒进入洞窟，面对佛像跪拜之时，由于处在较低的位置，就会看到每身塑像都在慈

图 20　菩萨和弟子、天王像　莫高窟第 45 窟　盛唐

祥地看着自己。雕塑艺术是一种环境艺术，由于它是立体的，就必须考虑到它周围的环境问题。为了渲染宗教的氛围，石窟内的雕塑起到了极为重要的作用。

早期的菩萨形象，一般都表现得比较拘谨。而在唐代，往往表现得自由自在，或坐于莲花座上，一脚下垂，一足横支，作游戏坐式，神情恬淡自然（如第 328 窟、205 窟的菩萨）；或立于莲花台上，身体略呈“S”形弯曲，双目微闭，仪态娴雅，体现出甚高的佛理觉悟，“得大自在”的精神境界（如第 45 窟、320 窟的菩萨）。唐代彩塑中的佛弟子阿难和迦叶以及天王力士的形象没有了隋以前那种夸张的成分，更注重写实性和对人物内心的刻画。

直到隋代为止的敦煌彩塑大多具有高浮雕的特点，背面与墙壁连在一起，最佳观察点只是在正面。而入唐以后，彩塑逐渐发展为圆塑，即从不同的角度都可以看到完美的塑像。这一点是敦煌彩塑成熟的重要标志。在第 205 窟佛坛南侧的一身菩萨像，双臂已损，其他部位保存完好，菩萨呈游戏坐姿，比例协调，姿势自然，体魄健美（图 21）。不论从哪个方向看，都是那样完美，特别是上身肌体的表现，似乎可以感觉到富有弹性的肌肤和流动的血液。这样的表现形式，在第 328 窟、第 45 窟等窟的彩塑中也可以看到。艺术家不再借助夸张变形和象征的手法，而是以写实主义的手法表现出人（神）的精神世界。从这些菩萨、天王、弟子等形象中，我们可以感觉到那个时代仪态万千的贵族妇女、娇媚多姿的宫女、威风凛凛的将军、饱读经书的僧人等。晚唐第 17 窟的洪䛒像，则是石窟中为数极少的塑造现实人物的彩塑。这是一个坐禅僧人，艺术家特别注重面部表情的刻画，表现出一个智者

图 21　菩萨　莫高窟第 205 窟中心佛坛上　盛唐

的精神状态。袈裟笼罩住全身，流畅的衣纹表现了完整的形体，又体现出生动之趣。

唐代彩塑一方面由于写实性的加强而使佛教变得可亲可感，另一方面也通过一些大型彩塑来表现佛的宏大。第96窟、第130窟分别造出高达35米和26米的大佛（图22），第148窟和第158窟造出了长达16米的卧佛；在榆林窟第6窟也造出了高达23米的佛像。巨型佛像通过其体量给人一种崇高感，这是宗教信仰的需要，也体现着唐人雄强自信的风格。虽说是由于武则天等帝王的倡导而使全国各地纷纷制作巨型佛像，但如果没有一套成熟的雕塑技法和足够的经济实力恐怕也很难进行。

从保存完好的第130窟大佛（南大像）和第158窟的卧佛来看（图23），以巨大的体量表现大佛，却没有一点粗糙之感。浑圆的脸形，半闭的眼睛，袈裟衣纹形成的一道道弧线，富有韵律，处处体现出柔和之感，而在整体上又表现着一种雄强的阳刚之气。刚与柔、阳与阴在这里完美地融合在一起。这便是敦煌彩塑的魅力，也是中国雕塑艺术的特色所在。

盛唐后期的彩塑逐渐失去了前期那种雄强的气势和生动的韵味，但在制作上更加精致，世俗化的倾向更加强烈，不论佛弟子还是天王、力士形象都富于人间性。在艺术家的努力下，神性消失了，佛教石窟与人们的距离缩短了，仿佛神与人沟通了。

第194窟是一个小型洞窟，正面开一个帐形龛，内塑一佛二弟子、二菩萨、二天王，龛外侧各塑力士一身。中央的佛双腿下垂，作善跏趺坐式，一手上举作说法相，一手放在膝盖上，表情平静，神态慈祥。

图 22　大佛　莫高窟第 130 窟　盛唐

图 23　卧佛　莫高窟第 158 窟　中唐

这样稳重而庄严的坐姿也是当时中原地区流行的样式。龙门石窟擂鼓台中洞、惠简洞，天龙山石窟第 4 窟等唐代洞窟中都有类似的倚坐佛像。龛北侧的弟子迦叶右袒袈裟，双手合十，表现出虔诚的神情。与他相对的弟子阿难，眯着眼睛，两手交叉在腹前，像一个无忧无虑的少年。北侧的菩萨站在莲花台上，斜挎帔帛，罗裙垂地，身体向后微微倾斜，面容白皙莹润，带着微笑。南侧的菩萨头梳双环髻，面颊饱满，双目低垂，嘴角露出隐隐笑意；身穿华丽的圆领无袖上衣，帔帛围绕，搭于左肘；体态丰腴，肌肤莹洁，身体自然舒展，衣纹飘柔，表现出古代艺术家高超的造像技巧。值得注意的是，此时菩萨的服饰不再强调印度风格的那些飘带与璎珞，而更多地表现当时中国妇女所穿的衣服，呈现出世俗化的倾向（图 24）。

北侧的天王，戴头盔，着铠甲，雄健威武。南侧的天王与之相对，

图 24　菩萨　莫高窟第 194 窟龛内北侧　盛唐

发髻高耸，神情敦厚，面带爽朗的笑容。古代塑像中的天王，大多是横眉怒目、杀气腾腾的样子，而这一身却一改天王传统形象，显得极其和善。龛外有两身力士，都是上身赤裸，一手挥拳，一手舒掌，好像准备厮杀的样子。艺术家着意刻画了发达的肌肉、暴胀的筋脉以及圆瞪的双眼，全身处处显示着一种强劲的力量。

第 159 窟正面也开帐形龛，原有一铺七身彩塑，中央的佛像已不存在，只剩下二弟子、二菩萨、二天王。这种格局与第 194 窟相似，菩萨的形象也很有特色：北侧的菩萨双目下视，上身袒裸，下着绣花锦裙；肌肤洁白，一手上举，一手自然垂下，身体丰盈，姿态落落大方。南侧的菩萨曲眉丰颊，发髻高耸，衣饰华丽；一手托物上举，一手下垂，轻握飘带，姿势优雅。外侧的两身天王挺胸怒目，直视前方，两手紧握，仿佛正要出击。天王与菩萨一动一静，和谐统一。

五代、北宋时期彩塑所存甚少，第 55 窟保存一组彩塑，填补了这一时期彩塑的空白。这个洞窟是一个方形殿堂窟，中央设马蹄形佛坛，佛坛上塑三铺佛像，分西、南、北三面而坐，为三世佛，均为倚坐式（图 25）。西壁正面的佛像右手扬起，左手放在膝上，神情静穆；左右两侧佛像也大体一致。正面佛像北侧存弟子迦叶像，一臂已残，身体僵直，神态拘谨。南侧佛像两旁存两身菩萨，北侧存一身菩萨，比例和谐，衣纹贴体，神态温和。西南角的天王形象，表现出刚毅和威武的气质。南侧佛座旁的天王造型较为新颖，其左手托着佛座，表现出不堪重负又拼命用力的神态。总的来说，这些彩塑都能准确把握人体比例，在形象刻画，衣纹、服饰表现，以及总体风格都努力追摹唐风，但体形过分僵硬，表情呆滞，缺乏唐朝那种鲜活的气息。

图 25　佛像　莫高窟第 55 窟佛坛正面佛像　宋

敦煌彩塑以木为骨架，以黏土塑制而成，最后还要上彩，以绘画补充塑制的不足，是绘塑结合的艺术。千百年以前，中国的艺术家通过这些散发着泥土气息的彩塑，表现出如此精美而感人的艺术形象，直到今天仍然散发着独特的魅力。

XIEGEI
QINGSHAONIAN
DE
DUNHUANG
GUSHI

写给青少年的
敦煌故事

佛像画的世界

莫高窟壁画的内容主要包括六类：

1. 佛像画；

2. 佛教故事画（包括本生故事、因缘故事、佛传故事、佛教史迹故事）；

3. 中国传统神怪像；

4. 经变画；

5. 供养人画像；

6. 装饰图案画。

除了装饰图案以外，绘画都是以人物（包括佛、菩萨或世俗人物）为主体的。莫高窟 500 多座石窟中留下了无数的人物形象，可以说是中国人物画艺术的宝库。

本章将主要介绍莫高窟壁画中的佛像画。

说法图

佛像包括佛与弟子、菩萨、天王等尊像，他们是洞窟的主体，是信徒崇拜的对象。一般来说，洞窟中把佛像等主要礼拜对象做成彩塑，安置在重要的位置。壁画相对而言是处于陪衬地位的，但是在一些洞窟中，彩塑较少或者没有塑像的情况下，壁画绘制的佛像也同样是礼拜的对象。在壁画中往往首先要突出那些独立的或者成组的尊像画。早期壁画中流行说法图。说法图是表现佛说法的场面，通常画出一铺三身、五身或者更多的尊像，中央为如来佛，两侧为佛弟子、菩萨和天王等。北魏以后，说法图往往两侧有众多的菩萨、飞天等，一铺说法图可能有十几身尊像（图 26）。

一般来说，在中心柱窟中，中心塔柱的正面龛是主龛，那么在洞窟的左右两侧壁往往要配合中央的彩塑画出大型的说法图，强化佛教的主题。如早期的第 251 窟、第 254 窟、第 257 窟等都是如此。在殿堂窟中，正面开龛造出佛与菩萨等像，两侧壁也画说法图，同样与正面的彩塑组成三组佛像的形式。这样的组合往往就是表现过去、现在、

图 26 说法图 莫高窟第 248 窟北壁 北魏

未来三世佛的形式。

北凉、北魏的说法图，佛像庄严沉静，菩萨身体往往呈“三道弯”形式，显得活泼多姿；色彩较浓厚，由于时代久远而变色，大部分身体部位的晕染都变黑，所以观众往往会感到奇怪。第 263 窟南壁的说法图，由于从表层壁画中剥出，画面色彩保存了当时的原作，使我们得知北魏时期真实的色彩和线描的情况（图 27）。这是一幅三佛说法图，中央一尊佛像身体稍高，袈裟的边缘以石青色染出，与袈裟本来的红色形成强烈的对比。两侧的佛像都面朝中央，最外两侧还各有一身菩

图 27　三佛说法图　莫高窟第 263 窟南壁　北魏

萨。菩萨对称地站在两旁，头部微低，面向佛像，一手扶着髋部，一手自然下垂，身体略呈“S”形弯曲；上身半裸，下着长裙，飘带自双肩下垂，在腹前交叉在一起。金色的项饰和臂钏，体现着华贵的气息，粉色的肌肤、明亮的石青色长裙与土红色背景形成对比，体现出菩萨优雅的气质。在画面上部两侧，还各有一身飞天，身着红色长裙，向着中央飞来。整铺画面格调统一，色彩不多，却对比鲜明、华丽灿烂。

西魏第 285 窟（开凿于 538~539 年）的说法图较为独特，与北魏时期的有很大的区别。由于受到中原艺术的影响，佛像和菩萨形象呈现出新的面貌。本窟在北壁画出了八铺说法图，在东壁画出三铺说法图。特别是东壁门两侧各有一铺说法图规模较大，人物也较多。如北侧这一铺（图 28），中央是佛结跏趺坐于方形佛座上，面容清瘦，双手呈说法印。身着红色通肩袈裟，但不像印度的通肩袈裟那样紧缠身体，而是领口较宽松，可以看出里面的僧祇支。袈裟从身上垂下，形成很多褶襞，有规律地在佛座下面展开。佛两侧上部各有两身弟子像，下部各有两身菩萨像。靠近佛像的两身菩萨身着汉式大衣，飘带自双肩垂下，在腹前交叉，然后经双臂而向两侧展开。外侧的两身菩萨也有与前两身菩萨一致的飘带垂下，下着红色长裙，虽说是上身半裸，但宽大的飘带几乎把身体完全遮盖住了，已经没有北魏以前那种“裸”的意味。这也许就是中国式的审美思想在起作用吧。佛和菩萨衣服及飘带下部都呈尖角形，这可能是画家想表现衣服飘举的感觉。魏晋时

图 28　说法图　莫高窟第 285 窟东壁门北　西魏

期中原的绘画讲究表现飘飘欲仙的情态，这正是受中原审美思想影响的产物。

唐代的说法图，人物大量增加，而画家更注重对不同人物个性的刻画，出现了很多杰出的作品。如第57窟南壁的说法图（图29），画中佛、菩萨、弟子等形象达十五六身，中央是佛结跏趺坐于莲花座上，

图29　说法图　莫高窟第57窟南壁　初唐

佛两侧绘一老一少二弟子，年老的弟子手持净瓶，年轻的弟子托钵，侍奉于两侧。再往外是两身大菩萨，特别是左侧的胁侍菩萨绘制得最为优美，她头戴化佛冠，上身半裸，肩披长巾，身佩璎珞，一手上举轻扶飘带，一手托供品，体态优美，身体略呈“S”形，目光下视，若有所思，肌肤细腻，体现出雍容高贵的美。从这身菩萨身上佩戴的璎珞、所穿华丽的衣裙来看，俨然是一位贵妇人的形象（图 30）。胁侍菩萨身后的四身菩萨也面相俊美，画家特别注意刻画她们的眼神，有的矜持，有的娇媚，有的若不经意，有的秋波暗送。所谓“传神阿堵”，就是指眼睛的描绘，可以传达精神的内涵。

图 30　菩萨　莫高窟第 57 窟南壁　初唐

菩萨和弟子的面部主要采用中国传统的敷色方法，即在某些凸出部分如两颊、下颌等处以红色用水晕开，自成浓淡凹凸效果的晕染技法，达到不露笔痕保持颜面红润本色的审美要求。这是外来的“天竺遗法”在唐代技法中的创新。以此表现年轻女性皮肤的细腻润泽，展示出一种理想化的美，说明初唐时期在晕染技法上中西融合已非常成熟。

胁侍菩萨的化佛冠与身上佩戴的璎珞之上都是沥粉堆金。沥粉堆金，是以胶和泥合成沥粉，表现人物的一些部分，待沥粉干透，再涂胶水于沥粉线纹上，贴以金箔，即成沥粉堆金。沥粉堆金的画法使平面的画给人一种立体感，强化了金色的效果，更增添了菩萨的雍容高贵。由于第 57 窟的菩萨描绘得十分优美，有人把此窟称为“美人窟”。

初唐第 322 窟北壁的说法图（图 31），中央是阿弥陀佛着田相袈裟，倚坐，两手作说法印，佛座下面是七宝水池。两旁二菩萨分别立于水中的大莲花上，右侧的菩萨头戴宝冠，目光下视，身体微微呈“S”形弯曲，一手上举，一手自然下垂，轻扶飘带。左侧的菩萨同样衣饰华丽，身体修长，面佛而立，飘带仿佛是从两手指间流过。纤长的手指，优雅的动作体现出女性的美。七宝水池中还有六身供养菩萨，有的跪在莲花上，双手捧莲花，作供养状；有的斜靠在莲花上，低头仿佛在观鱼，神态闲适；有的盘腿而坐，从容地听佛说法。图中还描绘了化生童子活泼可爱的形象。佛经中说，生于西方净土世界的人，“皆于七宝水池中化生，便自然长大，亦无乳养之者，皆食自然饮食”。图中透过莲花瓣可以看到化生童子盘腿坐在莲花中，周围碧绿的水池中还画出游来游去的鸭子，富有情趣。图中两侧各有三身持节飞天乘云而下，天空中飞舞着不鼓自鸣的筝、箜篌等天乐，充满了祥和的气氛。箜篌是一种弹拨乐器，有卧箜篌和竖箜篌之别。卧箜篌源于中国古代的琴瑟类乐器，但后来被琴、筝等乐器所取代。现在所说的箜篌通常是指竖箜篌，源于古代埃及，形似三角形，其间有多根弦，通过弹拨不同的弦形成不同的音色。这类乐器在西方发展成了竖琴，在中国则称为箜篌。敦煌壁画中箜篌出现较早，在北魏就很流行了。

图 31　说法图　莫高窟第 322 窟北壁　初唐

这铺说法图，人物虽多却不太拥挤，以较多的笔墨来描绘水池和树木，使人有一种身临其境之感。这一点正预示着唐代经变画境界的形成。画家开始描绘一种佛国世界的境象，而不单是一些佛和菩萨的形象。

千佛也是洞窟中大量出现的形象。大乘佛教中有“三世三千佛”之说，指过去世庄严劫千佛、现在世贤劫千佛、未来世星宿劫千佛。在壁画中千佛通常画成高 10~20 厘米的小佛像，一个接一个排列起来，铺满墙壁。每个佛像身上袈裟的颜色都不相同，又按色彩的变化有规律地排列起来，从整体来看就成了一道道色彩斑斓的装饰带，使洞窟华丽而庄严（图 32）。北朝时期还有不少洞窟用影塑的形式来表现千佛，具有浮雕的效果（图 33）。

佛教最初是反对偶像崇拜的，后来在宗教的发展中，为了适应崇拜者的需要而产生了佛像。在古代印度，佛和菩萨的形象往往是以当时的贵族形象为模特，按照当时的审美标准来塑造的。佛经中对佛像的特征作了很多说明，如“三十二相”“八十种好”等，体现着古代印度的美学思想。而在印度北部的犍陀罗地区，由于受到古希腊文化的影响，形成了与印度有所不同的审美标准。佛教传入中国后，最初是模仿印度和中亚传来的佛像，隋唐以后逐渐形成了中国式的佛像。不仅面部形象中国化了，而且佛像的衣饰也变成了中国人的服饰，反映了外来的佛教艺术与中国本土艺术的融合。同时，在佛教艺术长期繁荣发展的过程中，中国的绘画艺术也受到强烈的刺激，从而得到飞速的发展。敦煌石窟北朝到隋唐的佛像艺术反映了中国绘画艺术发展的一个侧面。

图 32　千佛　莫高窟第 263 窟　北魏

图 33　影塑千佛　莫高窟第 428 窟　北周

菩萨

佛两侧的菩萨通常称作胁侍菩萨。根据主尊佛的不同，胁侍菩萨也有所不同。如释迦牟尼佛的两侧，配以文殊菩萨和普贤菩萨。这主要来自《华严经》教义，所以称作“华严三圣”。阿弥陀佛的两侧配以观世音菩萨和大势至菩萨，来自《阿弥陀经》等净土经典思想，称作“西方三圣”，因为阿弥陀佛是西方净土世界的教主。东方药师佛的两侧则是日光菩萨和月光菩萨，称为“东方三圣”，这是源于《药师琉璃光如来本愿功德经》等经典的思想。

在早期壁画中，佛与菩萨组成说法图，一组三身或有更多身的菩萨侍立左右。唐代以后，单独画出菩萨的画面多了起来，通常在佛龛两侧或窟门两边画出文殊和普贤菩萨的赴会图（也有人称之为“文殊变”“普贤变”），与中央佛龛中的佛像相对应，扩展了说法图的意义。如第 172 窟的门两侧分别画出文殊和普贤赴会图。门北侧文殊菩萨骑狮子前行，旁有昆仑奴牵狮，后面跟着文殊的眷属及众多的菩萨天人。门南侧普贤菩萨乘白象，前后也有眷属及众多的天人簇拥着。引人注目的是在文殊变和普贤变的上部都画有山水图，如文殊变上部左侧是一组突兀高耸的山崖，接近江面的山峰壁立千仞，令人想起三峡的雄奇。山的颜色用青绿和赭红色相间染出，鲜明而又有光感；山崖后面，一条河流蜿蜒流出，越往近处，水波的起伏越明显，最后汇成滔滔大河。中段是一片广袤的平原，其中可见平缓的山丘，山丘后面又有河流，与右侧的河水交汇在一起。右侧则是一望无垠的平川，一条河流曲曲折折来自迷茫的远方，河边的树木愈远愈小，消失在天边。由远及近，这三条河汇于一处，形成壮阔的水面。这种辽阔的山水画无论是对透视关系处理，还是对光的明暗及色彩的表现都达到了很高的水平。它不像后代的山水画那样，追求构图的怪、奇、晦涩和丛山叠岭，而是努力反映出北方雄浑、壮阔的风光。整幅画体现着阔大、爽朗、健康的风格（图 34）。

图 34　文殊赴会图　莫高窟第 172 窟东壁　盛唐

第159窟西壁的文殊和普贤赴会图也绘制精美。龛北侧文殊菩萨坐于雄狮背上的宝座，神情安详，手执如意，前后有天龙八部等众神环绕。这些菩萨圣众表情各异，动态不一：如狮尾后部的天女探头外视，天真无邪；下面的菩萨凝神俯视，仿佛沉浸在遐想中；牵狮的昆仑奴双眼圆睁，正用力牵绳，动作神态极为逼真。最动人的是狮前的三身伎乐：前面的一身吹着横笛，侧着脸，目光下视，她的头仿佛随着乐曲在轻轻晃动；后面的一身打着拍板，头微微上仰，眉开眼笑，一副喜悦之情；另一身神情专注地吹笙，眼睛注视着手指的动作，赤脚站在莲花台上，翘起的脚趾似乎在随着音乐的节奏打着拍子（图35）。

在文殊、普贤赴会图的下部往往以屏风画的形式画出五台山图。五台山在山西省，因为山有五顶称为五台。北魏以来人们发现五台山的山形与佛经中记载的文殊菩萨的道场——清凉山十分相似，便在五台山建立了供奉文殊菩萨的寺院，后来不断地出现文殊菩萨在五台山显现的传说，促进了五台山佛教的繁荣。到了唐代，皇帝多次派人到五台山送供，有人画出《五台山图》并在都城长安一带流传开来，甚至连边远地区的敦煌也出现了《五台山图》。莫高窟五代时期的第61窟，称作文殊堂，就是专门供奉文殊菩萨的。洞窟中央设佛坛，原来塑有骑狮的文殊菩萨像，现已失，仅有狮子的足迹和尾巴保存下来。在此窟的后壁，画有长13米多的巨幅《五台山图》（图36）。

除了文殊菩萨、普贤菩萨以外，观音菩萨也是最流行的壁画题材。南北朝时期在中国就出现了表现观音菩萨的浮雕，内容来源于《法华经·观世音菩萨普门品》。后来民间信仰中，把这部分内容从《法华经》中抽出来，单独诵习，称为《观音经》。唐代壁画中出现了表现《观音

图 35　文殊赴会图　莫高窟第 159 窟龛外北侧　中唐

图 36 五台山图（局部） 莫高窟第 61 窟西壁 五代

经》的观音经变画，如第 205 窟南壁和第 45 窟南壁都画出了观音经变图。第 45 窟画得最完整，艺术水平较高。中央是观音菩萨像，两侧分别画出观音菩萨救苦救难的场面。佛经中说，如若在海上遇风浪或海中的妖怪，只要口念观音名号，即可消灾免难。壁画中画出一条大帆船航行在大海中，船中有七八个旅客和五六个艄公，船周围的水中有不少怪鱼怪兽纷纷向这条船攻击，情况十分危急。船中之人都双手合十向观音菩萨祈祷。还有一个画面表现商人牵着毛驴行进在山中时，忽然山后出来几个手执刀杖的强盗，商人心惊胆战，做出祈求的样子。这也是表现遇盗难而得观音菩萨救助的情况（图 37）。这些生动的场面如果抛开其说教内容，也表现了古代的商人或旅行者的真实生活。

图 37　胡商遇盗　莫高窟第 45 窟南壁　盛唐

随着观音菩萨信仰的盛行，在敦煌壁画中还出现了千手千眼观音像、如意轮观音像、六臂观音像、十一面观音像、水月观音像等（图 38、图 39）。其中水月观音像较有特色。据文献记载，唐代画家周昉最早创作了水月观音像，以水光月色表现出一种空灵的境界，把美丽的自然风景与观音像结合起来，深受人们欢迎。水月观音像反映了中国文人审美意识对佛教美术的影响。

图 38　六臂十一面观音　莫高窟第 76 窟　宋

图 39　千手千眼观音　莫高窟第 3 窟　元

天王、力士（药叉）

早期的洞窟中，常常在洞窟的四壁下部画出金刚力士的形象。金刚力士也称“药叉”，是佛国世界中护法镇邪的神，其地位较低，所以画在四壁的下部。

第 254 窟在四壁下部和中心柱四面的下部都画出了一排金刚力士。他们的面貌奇特，动作各异，有的呈马面，有的长猫耳，有的憨厚朴实，有的似相互私语，有的则似相互斗殴，或伸臂露拳，或弓腿挺胸（图 40）。这些金刚力士的一个共同特征是体格强健，个个都充满着勇武精神。画家还通过不同的颜色表现出鲜明、强烈而多少有些怪异的特点。第 249 窟、第 288 窟、第 290 窟、第 428 窟等北朝各期的洞窟中，都可以在四壁下部看到金刚力士。第 288 窟画面较清楚，我们可以看到金刚力士身体赤裸，仅穿犊鼻裈，身体充满了一种强劲的张力。虽然双眼圆睁，表现着愤怒之态，但由于身体浑圆，动作稚拙，显出憨态可掬的样子。隋代以后，由于壁画构成的格局发生了很大变化，金刚力士出现较少。

图 40　金刚力士　莫高窟第 254 窟　北魏

天王，是指镇守佛国四方的四大天王。最早出现于西魏第 285 窟，画在西壁佛龛外两侧（图 41），各有两身，头冠与菩萨的头冠一致，身着铠甲，在铠甲下面还露出与菩萨所穿一样的长裙。天王都手持武器，其中有一身天王右手托塔，可以判定是北方天王，其余的三身天王所持长枪大体一样，没有像后来的四大天王那样有着明显不同的手持物。但总的来说，天王形象在北朝出现较少。

唐代以后，在一些说法图和经变画中也出现了天王的形象，还出现了一些关于毗沙门天王（北方天王）的故事，也有不少单独表现毗沙

图 41　天王　莫高窟第 285 窟西壁　西魏

门天王的画面。天王的形象也逐渐定型，通常穿着中国式的铠甲，表现出一位将军的形象。五代以后，天王信仰更加盛行，往往在大型洞窟窟顶的四个角画出四大天王。如第 61 窟、第 98 窟、第 108 窟、第 146 窟就是其中的代表（图 42）。第 98 窟窟顶四角的天王画面很大，西侧两身天王已变得模糊，东侧两身天王保存较好。窟顶东北角画出北方天王，身着铠甲坐在座位上，左手托着宝塔，右手扶在右膝上，头上戴着金光闪闪的头冠，目光炯炯，英姿飒爽。两侧还有天王的眷属和侍从。同窟东南角画出东方天王，也是头戴宝冠，身着铠甲，右

图 42　天王　莫高窟第 108 窟窟顶东北角　五代

手持宝杵，双目圆睁。天王两旁也有随从人员。两身天王旁边都有文字题记，东方天王旁边的题记是“谨请东方提头赖吒天王主领一切乾闼婆神，毗舍鬼并诸眷属来降此窟”。表明了天王的身份，也说明了在窟顶绘天王，具有镇窟的意义。

XIEGEI
QINGSHAONIAN
DE
DUNHUANG
GUSHI

写给青少年的
敦煌故事

美丽的天使——飞天艺术

飞天是什么

飞天作为佛教艺术中一种独特的形象，以她们轻快的动态、流畅的舞姿吸引着众生。尽管飞天在佛教艺术中出现较多，可我们在佛经中根本就没有找到“飞天”一词，更没有见到对飞天的相关记录。通常认为，“飞天”是一种俗称，而不是佛教名词。

飞天通常是指佛教诸天。“天”是佛教中一个独特的概念，是指佛国世界里的天部诸神（如天龙八部众神）。在天龙八部中，乾闼婆与紧那罗是主管音乐舞蹈之神。这两类天神多表现为飞天的形象，所以有人认为飞天就是指乾闼婆与紧那罗。佛经中又记载，当佛说法的时候，常常有天人、天女或做散花，或做歌舞供养。

如《大庄严论经》中讲到尸毗王舍身救鸽之时：

> 天人音乐等，一切皆作唱。……
>
> 虚空诸天女，散花满地中。……

《大般涅槃经》也有如下记载：

诸天龙八部，于虚空中，雨众妙花。……又散牛头旃檀等香，作天伎乐，歌唱赞叹……

《佛本行集经》中讲太子出家之时：

其虚空中，有一夜叉，名曰钵足，彼钵足等诸夜叉众，于虚空中，各以手承马之四足，安徐而行。……复共无数乾闼婆众、鸠般荼众、诸龙夜叉……在太子前，引导而行。……上虚空中，复有无量无边诸天百千亿众，欢喜踊跃，遍满其身，不能自胜，将天水陆所生之花散太子上。

从以上所举的佛经记述中，我们知道在有关佛的本生故事、佛传故事以及佛说法时的情景中，往往有诸天人、天女做歌舞供养。这些天人、天女如果飞行于天空，以绘画的形式表现出来，自然就是我们在敦煌壁画中所看到的飞天了。其中当然也包括了乾闼婆、紧那罗这两类歌舞之神。

早在佛教产生之前，古印度的神话传说中就已经有不少关于天人、天女的传说。印度最古老的历史与神话传说都记录在四部吠陀著作中，其中《梨俱吠陀》就有不少关于天地开创、天上众神的故事。其后还有伟大的史诗《摩诃婆罗多》和《罗摩衍那》继承了不少神话传说故事。这些故事中关于天女（阿卜莎罗）的传说是十分流行的。《罗摩衍那》

中记载创世之初的“搅海”的故事，就提到了由于搅海而出现了天女。在诗篇中，天女是水之妖精。传说中这些天女是公共的女人，反映了原始时代男女杂婚的遗风。阿卜莎罗作为天上的美女，有着很多的爱情故事。所以，在后来的佛教艺术中，也自然地吸取了印度古代传说中的天女阿卜莎罗以及乾闼婆等形象。那些飞行于天空的飞天，多数是成双成对的形象，也许就是受乾闼婆和阿卜莎罗传说的影响。

随着佛教传入中国，飞天这一形象也伴随着佛教艺术传入了中国。我们从中国西部新疆地区的石窟到敦煌、河西地区的石窟，一直到中原地区的石窟寺或者散见的佛教雕刻、壁画中都可以看到飞天的形象。

如前所述，中国人最初认识飞天，也只是像印度一样作为一种天人来看待。虽然“天人”在佛教中可以包括天龙八部等天部的诸神，但在实际的绘画或雕刻中，我们很难一一确认其形象，只好笼统地称为天人了。在魏晋南北朝以后，由于受到传统的神仙思想影响，“飞天”这一形象与中国式的神仙（包括道教的“飞仙”）逐渐结合，形象也显得飘逸起来。佛教中本来意义上的诸天形象，诸如龙神、乾闼婆、紧那罗（鸟形）、阿修罗、迦楼罗（本来是金翅鸟）等原来的形象特征都看不到了，而只是飞行在天空的人形。

飞天在中国其数量及表现的普及程度已远甚于印度，而且在表现形式上与印度也大不相同，但在中国的佛教艺术中，依然可以找出印度的某些样式特征。毕竟飞天作为佛教艺术的一种形象，本来就是来自印度，它不可避免地带有印度的痕迹。如双飞天的形式，就是在印度较为常见的，通常表现为在佛的两侧上部各有一身飞天相对而飞，表示佛在说法时，天人们散花供养的场面。还有一种双飞天，就是两身飞天紧靠在一起飞。在印度多为男女成对在一起。这两种形式的双飞天都传入了中国，但那种男女双飞天的形式却有所改变，再也看不出男女的区别了，而是都表现出非男非女的形态。从双飞天形式在中国的变迁，可以看出中印两国审美的差异。印度所欣赏的那种带有两性特征，表现形式上又注重肉体感观之美的双飞天在中国几乎消失殆尽，而代之以中国自魏晋以来对神仙境界的追求，在形式上则表现出一种流动飘逸之美。中国画流畅舒展的线条美在飞天身上表现得淋漓尽致，这正是中国艺术所追求的美之所在。

北朝的飞天

北凉、北魏时代的飞天形体较短，受西域风格影响，身体呈“V”形，转折强烈。由于身体强壮，有一种沉重之感。飞天多画在佛龛内或说法图中，佛的两侧上部往往相对画出两身或四身飞天。如第254窟中心柱正面佛龛上部两侧各有两身飞天（图43），他们上身半裸，斜披天衣，上着长裙，赤脚，飘带绕着双臂飘下，在飘带的末端形成尖角。身体转折较大，差不多形成90度直角，显得力量有余，柔软不足。第257窟北壁说法图虽已残损大部，但左上部的一组飞天却完整地保留了下来（图44）。这组飞天共八身，有的迎风而舞，有的双手合十，有的面向后倒着飞行，姿态各不相同，飘带和衣裙随风飞舞，呈现出一种满壁风动的效果。

第248窟的飞天较多地画在人字披东西两面的仿木结构的椽间，采用了中原式画法，注重线条，人物显得眉目清秀，没有西域式那种厚重的晕染（图45）。这些飞天束发，神态恬静安详，身材苗条，但又不过分修长；细细的飘带随风舞动，飘带的末端形成尖角，画面柔和

图 43　飞天　莫高窟第 254 窟中心柱正面　北魏

自然。这种中原式的飞天到西魏以后便开始在洞窟中流行起来。

西魏第 249 窟正壁佛龛两侧各画出一组双飞天，左侧上的一身飞天，身体弯曲成直角，面朝后，正专注地吹奏筚篥，身体的姿势仿佛从天上掉下。筚篥是一种吹奏乐器，形似竖笛，比竖笛稍短，很像如今北方流行的管子。在敦煌隋唐以后的壁画中出现较多，应是当时北方一带流行的乐器。下面的一身飞天身体呈“U”形，大幅度地弯曲，伸起两手，好像要拍击腰鼓。飞天的脸朝着中央的佛像，一腿尽量往前跨（图 46）。右侧的飞天跟左侧的飞天相对，也是身体弯曲成 90 度，正吹奏横笛。下面的一身在拍击腰鼓。这四身飞天均裸上身，腿

图 44　飞天　莫高窟第 257 窟北壁　北魏

图 45　飞天　莫高窟第 248 窟人字披西披　北魏

图 46　飞天　莫高窟第 249 窟西壁龛内　西魏

图 47　飞天　莫高窟第 249 窟南壁　西魏

被夸张地画得很长，弯曲的幅度很大，他们一上一下，有一种强烈的动势，又借助飘带和长裙飞舞而形成的曲线，构成优美的韵律。这几身飞天的服饰以及画法都是西域式的，但在动作上，特别是夸张地拉长了的身体和飘动的长裙，显然是受中原风格的影响。在第 249 窟南北壁两铺说法图中，也分别在佛的两侧相对画出四身飞天。下部飞天身体强壮，上身半裸，下着长裙，身体弯曲成圆弧形，形成一种强烈的张力。上部飞天则穿着宽大的长袍，身体清瘦，飘带也画得细腻。上部飞天更明显地表现出中原风格所谓“秀骨清像”的特征，下部则是西域风格的飞天。这两种截然不同的飞天，一强一弱，一粗犷一纤细，又和谐地组合在一起（图 47）。

最有特色的还是第 249 窟顶部的飞天。此窟的顶部画的是汲富中国传统思想意味的东王公、西王母及相关的朱雀、玄武、雷公、电母等形象，佛教的飞天也与具有中国神仙思想的飞仙一起飞翔在这个奇妙的天国世界。如画在南披的西王母，在凤辇的前后各有一身飞天、

图 48　西王母　莫高窟第 249 窟顶南披　西魏

一身乘鸾仙人。画面上仙人、神兽、祥云、飞花充满了飞动的气氛，以此烘托出仙境的场面（图 48）。类似的表现在西魏第 285 窟的窟顶也可以看到。此窟的窟顶表现的主题是中国古代传说之神——伏羲、女娲以及相关的雷神、风神等，飞天也与这些神仙一起出现在云气飞扬、天花飘飘的空中。从第 249、285 窟的窟顶壁画中，可以看出佛教的飞天与中国传统神仙完美地结合在一起，共同表现出神仙思想。而这种神仙思想出现在佛教的洞窟中，实际上反映了古代中国人最初是把佛教当成一种跟神仙思想一样的东西来认识的。这一点在很多历史文献中都有记载。

在第 285 窟南壁还画出了十二身飞天，在云气缥缈、鲜花满天的背景中，他们一身接着一身，轻快地飞行。飞天均上身半裸，下着长裙，头梳双髻，面庞清秀，面带微笑，有的弹奏着箜篌，有的吹着横笛，有的一手支颐一手前伸，显得矜持而娴雅（图 49）。正如汉代文学家傅毅在《舞赋》中所写的“罗衣从风，长袖交横”“绰约闲靡，机迅体轻”，体现着汉代以来的审美风范。

虽说在西魏时期中原风格已经大规模地传入敦煌，但是敦煌地处丝绸之路要冲，不断受到来自西方和中原文化的影响。到北周时一些洞窟的壁画又回到了西域风格，第 428 窟就是这样一个洞窟。这是一个大型的中心柱窟，窟内壁画基本上采用西域式的画法，在窟顶的平棋图案中，往往在四角画出四个飞天的形象。这些飞天体格健硕，动态强烈，与北凉、北魏时期的飞天比较接近，从身体比例的准确性和动作的灵活性等方面，已显得非常成熟了。在顶后部的平棋中还出现了一些裸体飞天，均为男性，身体比例适度，动态自然（图 50）。裸

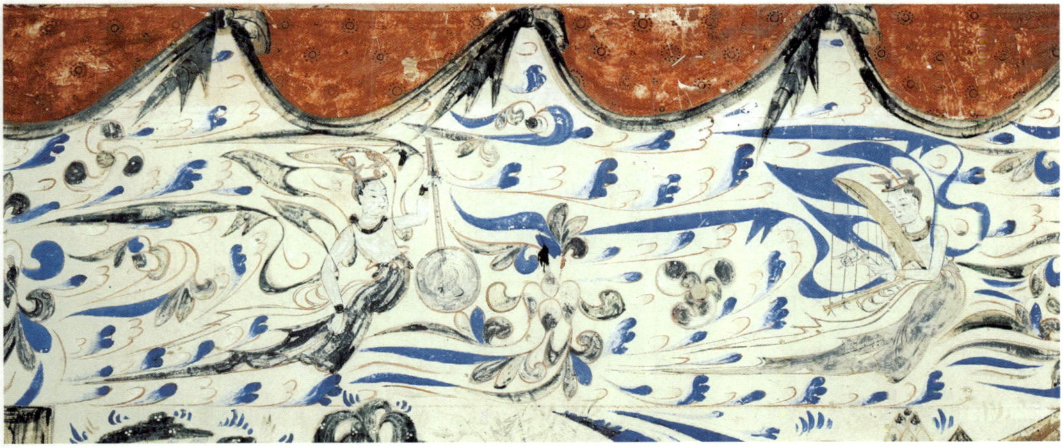

图 49　飞天　莫高窟第 285 窟南壁　西魏

图 50　裸体飞天　莫高窟第 428 窟窟顶　北周

体飞天在印度是十分常见的，但到了中国以后，出现较少。在新疆的克孜尔石窟等处，还可以看到一些裸体飞天，但在中国内地的云冈、龙门等石窟则基本上没有出现。在敦煌一些北朝的洞窟中出现少数的裸体飞天，如北魏的第 257 窟、431 窟和西魏的第 285 窟等。北周第 428 窟的裸体飞天形象清楚，色彩大体完整，从中可了解西域风格画法的特点。

第 428 窟南壁前部的说法图中，有一组四身伎乐飞天。第一身回过头，怀抱琵琶;第二身抱着箜篌在专注地弹奏;第三身一条腿向前跨，正吹奏横笛;第四身双手拍着腰鼓（图 51）。他们都裸着上身，着长裙，赤脚露在外面。由于变色，身体晕染部分都变成了较粗的黑色线条，仅在双眼和鼻子、下巴部位保存着白色，使人感到一种粗犷的效果，配合他们强健的身体和有力的动作，愈显得充满了力量。

南壁靠后部说法图中的两身飞天也较有特色，左侧一身吹奏着筚篥，仿佛从天上直插下来，双脚上下拍打着，像个顽皮的孩子，憨态可掬。右侧一身与左侧的飞天相对，也是从上向下飞来，双手弹奏着琵琶。由于变色形成又粗又黑的线条，使飞天的形象更加简练完整，在土红底色上显得明快而富有韵律。飞天身上长裙的线条具有大写意的效果。

图 51　飞天　莫高窟第 428 窟南壁　北周

隋代的飞天

隋代的飞天多以群体飞天的形式出现，如第 423 窟、第 390 窟、第 244 窟等都在四壁上部接近窟顶的地方画出一道装饰带，飞天一身接着一身向中央佛的方向飞行。这些飞天小巧玲珑，灵活多姿，加上飘带简练流畅，造成一种快速飞行的气氛。第 427 窟也同样如此，在四壁上部画出天宫栏墙和飞天，在深蓝色的天空中飞天的飘带配合流云构成轻快飞动的效果。造型简练优美、动作急速、色彩丰富变化是这个洞窟飞天的动人之处（图 52）。由于变色的原因，底色形成了深褐色与蓝色交织的状况，犹如一道奇妙的色光，使这些飞天透出一种不可思议的神秘感。

第 404 窟的四壁上部，画家以蓝色作底，并有意表现出颜色由浅到深的变化，具有光的自然效果，非常真实地表现出飞天轻盈地飞行于天空的情景。如北壁上部的两身飞天，头梳双环髻，前一身飞天穿着大红的长裙，回头吹奏着笙，显得很悠闲；后一身飞天穿黑色长裙，一手托着一朵莲花，虔诚地向前飞去，在蓝天的背景中，给人一种脱

图 52　飞天　莫高窟第 427 窟南壁　隋

壁欲出之感（图 53）。

隋朝的艺术家对飞天的喜爱和描绘达到高峰，在佛龛上、藻井中、说法图中和四壁上部等很多地方都画满了成群结队的飞天。若单从飞天的数量来看，隋代的飞天不亚于唐代，在装饰画、藻井图案中，飞天往往与其他形象相配合，相得益彰，创造了很多杰出的作品。

隋代第 305 窟窟顶南北两壁分别画出了东王公、西王母等形象。这一题材在西魏时期已经出现，但在这里飞天的形象则大量出现了。如北披的西王母的凤辇前，上部有一身羽人引导，前面还有两身飞行的比丘，下部是三身飞天，各托鲜花飞去，凤车后面则有四身飞天飞舞着跟随。飞天拖着长长的飘带，与天空中的彩云和天花相伴，急速地向前飞去，呈现出浩浩荡荡行进的趋势。南披的东王公龙车前后也表现了与北披一致的飞天及气氛（图 54）。东西两披的布局大体一致，

图 53　飞天　莫高窟第 404 窟北壁　隋

图 54　飞天　莫高窟第 305 窟窟顶南披　隋

都在中央画摩尼宝珠，两边各有四身飞天向着中心飞来。这样，窟顶画出了几十身飞天，在彩云飘扬、天花飞舞的空中构成了一个飞天的世界，使整个窟顶的空间变得无限辽阔、深远。

画在佛龛中的飞天也同样富有气势。第 420 窟正面龛的龛顶，共绘出十五身飞天。与四壁上部天宫栏墙内的飞天不同，不是那种整齐排列朝着一个方向飞，而是自由自在地演奏着各自不同的乐器，纷纷从天而降，令人目不暇接。几乎每个飞天都有不同的姿态，绝无雷同，有的柔和，有的强劲，有的迅疾，有的舒缓，各有个性。

第 412 窟本来是一个大型洞窟，现在大部已塌毁，但西壁的佛龛却完整地保留了下来。这个佛龛很大，里面有佛和十大弟子的彩塑，龛顶则画出二十六身飞天，可以说是飞天最多的一个佛龛。这些飞天有的手托莲花，有的持璎珞，有的弹奏乐器，有的在舞蹈散花。最特殊的是飞天中还有不少是身披袈裟的比丘，他们上下翻飞，自由翱翔，在土红底色的烘托下有一种热烈欢快的氛围（图 55）。

图 55　飞天　莫高窟第 412 窟龛顶　隋

唐代前期的飞天

初唐的飞天不像隋代那样飞得急速，而更多地表现出一种悠闲感。第 329 窟的飞天是较为突出的，窟顶中心是一个以莲花为主的藻井图案，在中心莲花的四周，在深蓝色的底色中有四身飞天随着流云自由自在地飞翔。在藻井外缘的帷幔外，又画出十二身伎乐飞天，背景是浅黄色的，与中央的蓝底色形成对比。在五彩祥云的衬托下，他们演奏琵琶、箜篌、腰鼓等乐器，朝着一个方向连续不断地飞去。华丽无比的图案以及他们活泼多姿的动态给观者以无限的遐想，感到天空是那样的宽广，似乎充满了美妙的音乐之声（图 56）。

在第 329 窟的龛顶两侧，分别画出佛传故事“乘象入胎”和“夜半逾城”，表现的是释迦牟尼诞生前的预兆和为了修行而离家出走的情节。龛顶右侧画面中，画出一菩萨乘象奔驰，前有乘龙仙人引导，前后有二菩萨侍立，又有雷神、风神跟随，前面有四身飞天迎着菩萨，或托花供养，或演奏音乐，载歌载舞，姿态优美；后面还有一身飞天演奏着乐器，天空弥漫着流云和鲜花，有一种热烈而欢快的气氛。龛顶南侧画

图 56　飞天藻井　莫高窟第 329 窟窟顶　初唐

面表现悉达多太子乘马而行，前面也有乘龙仙人引导，后有风神、雷神，前面也有四身飞天欢快地歌舞，后随二身飞天持花供养，伴随着彩云、鲜花。飞天们身体柔和，动态优雅（图 69、图 70）。

第 321 窟在佛龛顶部画出天宫栏墙，沿着天宫栏墙有一群体态婀娜的天人，神情悠闲逍遥，有的在朝下散花，有的则好奇地看着下面的人间世界。正如唐诗中所写“飘飖九霄外，下视望仙宫”。佛龛上部以深蓝色画出天空，在靠近佛背光的地方，菩提树前相对画出两组飞天。右侧的飞天均一手托着花蕾，一手自然展开，长裙衬托着柔和的身姿，长长的飘带随风飞舞。左侧的飞天与右侧的飞天相对，也是身体朝下飞来，一手拈花蕾，一手轻柔地散花。这两组飞天体态自然而柔和，每一条飘带，每一个动作都显得那么完美（图 57）。

盛唐时代是敦煌艺术的黄金时代，飞天的描绘也表现出成熟而完美的特点。第 172 窟西壁佛龛顶部，在华盖两侧各画出两身飞天。华盖右侧的飞天，一身头枕着双手，身体舒展，怡然而上，仿佛鱼在水中悠然游过；另一身头朝下，双手捧着花蕾，飘然而下（图 58）。这两身飞天一个向上，一个向下，身旁的彩云也随着不同的方向翻卷，形成一个充满动势的结构。窟顶的藻井也比较独特。藻井中心画出莲花，

图 57　凭栏下视的天人　莫高窟第 321 窟龛顶　初唐

图 58　飞天　莫高窟第 172 窟西壁龛顶　盛唐

外沿画出复杂的图案，如卷草纹、团花纹、几何纹等层层递出，最外层则易方为圆，把四周垂角纹和流苏画成圆形，更具有华盖的真实感。在最外沿，圆形华盖与方井交会形成的四个岔角中，分别画出四身飞天。飞天身材修长而柔和，长长的飘带体现出他们轻松的动态，简单的几朵彩云衬托出他们无拘无束的身姿。有了这些飞天，壁画的空间似乎都变得广阔了。北壁的经变画中几身飞天好像在不停地飞行。右上角的那身飞天仿佛刚从地面腾空而起，手托莲花正要献给佛陀。与她相对的右侧一身飞天也同样如此，双手张开，手托着莲花，一条腿轻提，正向上飞升（图 59）。靠近中部也有两身飞天从不同的方向向着中央大殿飞去，右侧这一身飞天一手向前一手向后，好像是以很快的速度飞来。左侧这一身飞近楼阁，双手合拢，身体呈半蹲状，好像正要着地的一瞬间。这些身姿轻盈的飞天，在广阔的空中自由翱翔，令人不禁想起李太白的诗："素手把芙蓉，虚步蹑太清。霓裳曳广带，飘拂升天行。"

图 59　飞天　莫高窟第 172 窟北壁　盛唐

图 60　双飞天　莫高窟第 320 窟南壁　盛唐

第 320 窟南壁佛说法场面的上部画出四身姿态优美的飞天，以宝盖为中心，分两组相对画出。左侧这一组，前面的飞天头梳双丫髻，双手上举，正在散花，她的面庞微微向后，漫不经心地看着后面的飞天，长长的锦裙紧贴身体；后面的这身飞天双手高举，一条腿提起，一条腿伸直，动作强烈，好像正努力追赶前面的飞天。一紧张，一舒缓，富有戏剧性。右侧的两身飞天形式上与左侧一致，两组飞天都裸着上身，穿着长长的锦裙，双脚藏在长裙中，结构单纯而完美。画家通过一张一弛的动作对比，表现了飞天的两个典型动态（图 60）。

第 39 窟是一个中心柱窟，在西壁又开一个佛龛，内塑佛涅槃像。这是一个绘、塑结合的涅槃经变画。佛经中记载，当佛涅槃之时，诸

图 61　飞天　莫高窟第 39 窟西壁龛内　盛唐

天从天空散曼陀罗花等各种鲜花供养。于是在壁画中也画出了五身飞天从天而降，左侧一身飞天一手托着一盘鲜花，一手轻拈花蕾，一条腿正往前跨，身体向下倾，表现出飞速而下的瞬间。右侧的与之相对的一身飞天动作姿态都跟前者相对称。龛顶中央又有一身飞天，头朝下直落下来，两侧各有一身飞天相对向着中央飞来，双手都托着一盘花蕾，神情虔诚。这些飞天体态修长，配合着长长的飘带更显得潇洒自如。他们的飘带都飘出了龛外，突破了画面边界的限制，仿佛真的从龛外飞下来似的（图 61）。

唐代后期的飞天

中唐以后壁画中的飞天身体趋于肥胖，但仍表现出雍容的气质。经变画中的飞天与盛唐壁画中的飞天一样，小飞天穿梭飞行于佛国世界的宫殿楼阁之间，人物形象较小，画得更为小巧精致。如第 159 窟南壁西侧的法华经变上部两侧各有三身飞天，乘着彩云飞速地向中央飞来（图 62）；靠近中部宝塔的几身飞天则双手上举，半跪在云中。中央的阿弥陀经变上部有两身飞天，双手上扬正向上飞行。这些飞天形体虽小，却刻画细腻，表现出飞天的不同动势。

在第 220 窟甬道南侧龛内也有两身小飞天，因这部分壁画是剥离了表层壁画而露出的，线条和颜色都很鲜艳。飞天双手托花上举，上身半裸，穿红色长裙从天而降，比起盛唐的飞天来，衣饰不是那样华丽，也没有繁琐的花纹，但飞天的飘带翻卷而形成的圆圈却增加了，不仅具有装饰性，而且衬托出飞天的速度较慢，愈显得雍容和穆。在绘画艺术上，画家用寥寥数笔就勾勒出形体，色彩简淡，颇有写意的效果。

图 62　飞天　莫高窟第 159 窟南壁　中唐

第 158 窟配合大型涅槃佛像，画出了涅槃经变的内容。本窟的涅槃经变画突出表现众弟子及世俗人物因释迦牟尼的离去而悲伤的场面。《大般涅槃经》载："尔时，帝释天及诸天众，即持七宝大盖、四柱宝台、四面庄严、七宝璎珞，垂虚空中，覆佛圣棺，无数香花、幢幡、璎珞、音乐、微妙杂彩空中供养。"根据这些内容，壁画的上部还画出了不少飞天，有的双手托花跪在云间，有的弹奏乐器，有的在空中散花。他们都神情庄重，飞行缓慢，与经变的气氛一致。特别是西壁的一身飞天，表情忧郁，双手持璎珞，缓缓地飞下来，表现出一种哀悼之情（图 63）。这些壁画反映了中国人按中国式的思想来理解和表现

图 63　持璎珞的飞天　莫高窟第 158 窟西壁　中唐

涅槃这一主题，而飞天正是这种精神的表现。

晚唐以后，在窟顶藻井周围画出一周飞天的形式较为流行，并形成了一种模式。第 161 窟窟顶的藻井较为特别，井心画的是一身千手千眼观音菩萨，观音坐在莲花座上，他的千百只手形成一个圆圈，像一轮美丽的光环；观音两侧上部画有两身向上飞升的飞天。左侧的飞天两手伸开散花，右侧的飞天正吹奏横笛，形象生动，色彩绚丽。在藻井四边各画出四身伎乐飞天，分别演奏着笙、排箫、笛、琵琶、腰鼓等乐器。他们一身接着一身飞行，不同的演奏姿态，不同的飞行动作，显得充满了活力。画家往往在一列飞天之中画出一些特别的形象，形成一定的变化。如东披的飞天（图 64），三身画成面向观众，第二身吹笙的飞天则画成侧面形象，表现出专注的神情。南披四身飞天中，右起第一身飞天，双手握箫吹奏，身体向后倾，背向飞行方向，显得很悠闲。第二身飞天弹奏着琵琶，头朝下，倒着飞行。这些别致的形象打破了整齐划一的格局，使画面富于变化。第 80 窟窟顶藻井的边沿也像第 161 窟那样画出一周共二十二身飞天。这些飞天或正面或侧面，或倒向飞行，自由变化，多姿多彩。飞天的旁边都画出色彩浓丽的五彩云朵，使她们看上去像在云雾中，别有风韵。

五代以后，莫高窟虽然仍在持续不断地开凿，甚至还开凿了不少大型洞窟，但由于与中原文化交流较少，在壁画艺术上没有更多的创新，飞天的描绘也呈现衰落的景象。西夏到元代，随着政权的更替，

图 64　飞天　莫高窟第 161 窟东披　晚唐

图 65　飞天　莫高窟第 97 窟西壁龛内　西夏

来自少数民族地区或者内地的艺术形式影响了敦煌，出现了一些特别的画法，但数量不多。如第 97 窟正面佛龛，在菩提宝盖两侧对称地画出两身童子飞天，头顶皆秃发，两侧有小发辫，前额垂下两道红带子，身穿一种兽皮制的背带裌衫（类似背心的服装），脚穿红靴。这种穿着打扮表现出回鹘人的一些外形特征（图 65）。两身飞天都面形丰满，略显出儿童的稚气，一手托着盘中的花朵，一手扬起散花，彩云簇拥，飘带翻飞，映衬着孩童特有的饱满的肌肤，使画面中的飞天颇有情趣。

元代第 3 窟的飞天也是以儿童的形象来表现的。在南北壁千手千眼观音像的上部两侧，各有一身飞天。南壁的飞天或跪或蹲于彩云上面，手托鲜花作供养状，神情虔诚。北壁的两身飞天较活泼，西侧这身飞天一手握着两枝长茎莲花，另一手托着一个花蕾，正从云中下视（图 66）；东侧的飞天也是一手持长茎莲花一手托花蕾，而身体倾斜，

图 66　飞天　莫高窟第 3 窟北壁　元

仿佛就要飞下来。这四身飞天身体较矮，形象丰满，色彩浓烈，画家强调的是儿童的天真可爱。这也许与宋元以来民间喜爱儿童画有关。

总之，敦煌壁画中的飞天可以说是无处不在，画家们以极大的热情来描绘飞天。飞天的存在使严肃的宗教绘画变得富有情趣，生动活泼。敦煌飞天的造型与印度那种写实性较强的飞天不同，更强调一种理想的形式美，一种流动之美。长长的飘带，辅以流云，形成了一种飞动的韵律。这种形体的流动，又如书法一般，通过线条的流动感而体现出一种畅快而生动的气韵。总之，敦煌飞天艺术是中国人物画艺术中的一朵奇葩，它介乎似与不似之间、真实与理想之间，创造了无限动人的形象。

XIEGEI
QINGSHAONIAN
DE
DUNHUANG
GUSHI

写给青少年的
敦煌故事

佛教故事画

故事画是通过描绘一定的人物、动作以及人物之间的相互关系等来展示一个故事的发生、发展和结局，它综合了各种绘画手段为表达故事的思想内容服务。在古代印度的艺术中，故事性的雕刻和绘画也是十分流行的。早期的佛教艺术中，如建于公元前 2 世纪的山奇大塔、巴尔胡特大塔的塔门和周围的护栏中就有很多关于佛传故事、本生故事的浮雕。南印度的阿玛拉瓦提雕刻中也有不少故事性的内容。佛教传入中国之后，石窟、寺院普遍兴建，佛教故事画也同样在众多的寺院及石窟里流行起来。并且，由于中国已有故事画的传统，画家们结合中国的特点，绘出了有别于印度风格的故事画。

敦煌壁画中的故事画主要有四类:一是佛传故事，就是讲述释迦牟尼一生特殊经历的故事。二是本生故事，是讲述释迦牟尼前世的故事。佛教认为人死后是要经过轮回的，如果做了善事，到下一辈子转生就会过好日子;反之，在转世后就会很悲惨。如果累世都做善事和修行，最终就会脱离轮回而成佛。释迦牟尼就是因为前世做了数也数不清的善事，终于成了佛。本生故事就是讲释迦牟尼前世的善行事迹。第三是因缘故事，主要讲与佛相关的一些因果报应故事。第四是佛教史迹故事，是讲佛教发展史上的一些高僧或某些地方的佛教圣迹的传说故事，也叫佛教感应故事。

讲述佛陀生平的佛传故事

释迦牟尼本名乔达摩·悉达多，大约在公元前 565 年诞生于古印度的迦毗罗卫国，父亲是净饭王，母亲是王后摩耶夫人。关于悉达多太子的诞生，有着种种神异的传说。据说摩耶夫人梦见了一个菩萨乘六牙白象而来，于是身怀有孕。按古印度的习俗，妇女生育当回娘家。于是怀胎将满十月之时，摩耶夫人在很多宫女的陪伴下回娘家。途中经兰毗尼园，摩耶夫人觉得身体不适，便徐徐来到园中，当她手攀无忧树时，太子从她的右胁生了下来。原来，释迦牟尼不愿使母亲受到分娩之痛苦，就从腋下降生了。而太子刚生下来就能行走，他走了七步，每走一步，脚下就生出一朵莲花。他用手指天指地，说:“天上天下，唯我独尊。”这时天上有九条龙喷洒甘露为太子沐浴。摩耶夫人和太子回到宫中，净饭王非常高兴，为太子取名叫悉达多。太子从小学文习武，受到很好的教育，并娶大臣摩诃那摩之女耶输陀罗为妻。他生活在宫中，享尽了人间的快乐。然而，太子常常感到忧郁。他在城外出游时看到人间有疾病、衰老和死亡等诸多痛苦，陷入了苦苦的思索。这段经历称为“出游四门”。他想寻找一条解脱人间痛苦的途径，在 29 岁那年，悉达多决定出家修行。为了避免国王阻拦，他在一个夜晚偷偷离城，到山中开始了苦修的生涯。这一经历称作“逾城出家”。他每天只吃一点豆羹以维持生命。经过了六年的苦行，他感到苦修并不能解决问题，于是到尼连禅河洗尽了六年的污垢，并接受了牧女施舍的牛乳，慢慢地恢复了体力。当他在菩提树下沉思默想时，战胜了心中的一切魔障，突然间得到了大悟，从此明白了人间的真谛。这件事称作“树下成道”。他开始收徒讲学，宣扬他的理论，这就是“初转法轮”。他所主张的教义就是佛教。他被尊称为释迦牟尼，意思是释迦族的圣人。后人又称他为佛陀，意为大彻大悟的人。佛教创立之初发展并不是十分顺利，释迦牟尼不断到各地说法，扩大佛教的影响。公元前 484 年，释迦牟尼于拘尸那城的双树林中涅槃。

描绘释迦牟尼生平的佛传故事，大多是依据佛经中的有关记载来画的。佛经中往往把释迦牟尼神格化了，带有很多神异的色彩，这也是敦煌壁画故事画的一个特色。在莫高窟年代最早的洞窟——第 275 窟南壁就出现了佛传故事画，表现悉达多太子在出家前“出游四门”，分别遇见老人、病人、死人及僧人的情景，由于壁面损毁，只剩下三个场面。人物形象具有西域人物的特征，而城门的建筑则是明显的中国传统建筑形式，门楼的屋檐及斗拱等历历可见。

石窟中的佛传故事画大多选取一两个有代表性的情节来表现。如释迦牟尼诞生前，摩耶夫人梦见白象的场面，称作“乘象入胎”。悉达多太子决定离家修行而骑马逾城的场面，称为“逾城出家”。这两个情节，一个象征着释迦牟尼的诞生，一个象征着释迦牟尼修行的开始，是

图 67　乘象入胎　莫高窟第 278 窟西壁北侧　隋

壁画中最为常见的佛传场面。在隋及唐初的洞窟中往往在正面龛两侧分别画出这两个情节，具有装饰效果。如隋代第 278 窟西壁北侧上部“乘象入胎”（图 67），画一菩萨乘六牙白象（颜色已变黑），正缓慢向前，身后有两伎乐正在弹奏琵琶和箜篌，飞天在上空散花供养。南侧相对画出“骑马逾城”的场面，悉达多太子乘马跃起，有四个小天人分别托着马足急速飞行，前后有飞天手托莲花上下飞舞。这两幅画主题鲜明突出，用色质朴、单纯、稳健，造型凝重、典雅，而骑马逾城的场面有风驰电掣之感（图 68）。第 209、第 329 等窟的佛传故事画则更多地体现出初唐华丽热烈的风格。第 329 窟的佛传画构图较满，人物众多，刻

图 68　夜半逾城　莫高窟第 278 窟西壁南侧　隋

画精致，具有华丽灿烂的装饰效果（图 69、图 70）；而第 209 窟的画面中对骑马形象的轻盈和乘象的凝重等方面的刻画更加生动且富于个性化。“乘象入胎”与“夜半逾城”两幅画由于内容和形式上的密切关系，构成了不可分割的组画形式，在洞窟中具有很强的装饰性。

“降魔成道”和“初转法轮”也是表现佛传的重要场面。前者表现释迦牟尼成道时，魔王波旬深恐释迦牟尼的成道威胁到自己，就率众魔军企图杀死释迦牟尼。面对众魔围攻，释迦牟尼镇定自如，以神通力击败了魔军，使众魔俯首归降。表现这一主题的画面也称降魔变，在印度和犍陀罗的雕刻中很常见。敦煌北魏壁画中的降魔变在构图上完全继承了外来的形式。如第 254 窟南壁（图 71），表现佛安坐在中

图 69　乘象入胎　莫高窟第 329 窟西壁北侧　初唐

图 70　夜半逾城　莫高窟第 329 窟西壁南侧　初唐

图 71　降魔变　莫高窟第 254 窟南壁　北魏

央，周围各式各样的妖魔手执各种武器，向佛袭来。画面下部则描绘魔军败北后跪在佛前的样子。画面下部左侧还描绘了三个美女对着释迦牟尼搔首弄姿，右侧有三个相貌丑陋的老女人。这是表现魔王波旬见魔军不能战胜释迦牟尼，便施美人计，企图以美色来诱惑释迦牟尼，但释迦牟尼不为所动，并使神力，把美女变成了又丑又老的老婆子。

“初转法轮”表现的是释迦牟尼成佛后到鹿野苑第一次说法的情景，也称鹿野苑说法。通常描绘佛在说法，佛前的两只鹿象征着鹿野苑，并有三个圆形的法轮。佛两侧画有比丘五人，代表最早跟随释迦牟尼的五个比丘。在北魏第 260 窟、263 窟都画有初转法轮图，特别是第 263 窟壁画保存如新。

涅槃图也是佛传中的一项重要内容。释迦牟尼的涅槃意味着肉体的消失和灵魂的升华，从此进入不生不灭的状态。对于佛教来说，从此佛不再是一个实体的人物，而是一个永远存在的精神导师，因而涅槃就是佛教的最高境界。涅槃图在佛教艺术中具有十分崇高的地位，这一点与基督教艺术中描绘被钉在十字架上的耶稣表现的是同样一种宗教境界。北周第428窟西壁的涅槃图是莫高窟最早的涅槃图（图72），其表现方法与中亚的佛教艺术一致。描绘了佛安详地卧在双树下，周围有众多的弟子环绕，他们表情悲哀，大弟子迦叶抚足恸哭，全图充满了伤感的情调。隋代以后，涅槃图形成了规模较大的独立的涅槃经变，增加了很多情节，这些内容将在下一章详述。

图72　涅槃图　莫高窟第428窟西壁　北周

图 73　佛传故事（局部）　莫高窟第 290 窟人字披东披　北周

最完整地表现佛传内容的壁画当数第 290 窟人字披顶的佛传图。这幅壁画表现了从佛诞生、出家直到成道的故事，如连环画一样，以连续性的画面表现，形成长卷的形式。在人字披的两披各以三段长卷画幅相接续，共六段画卷，画出 87 个情节，可称为最长的连环画了。画面线描流畅而清晰，色彩简淡，以建筑、山水为背景，人物造型简练，体现出敦煌早期壁画中故事画艺术的成就（图 73）。五代时期的第 61 窟也在南、西、北三壁的下部利用屏风画的形式，画出了完整的佛传故事，内容更为丰富，从佛诞生之前的种种传说到佛涅槃为止，共画出 128 个情节，是莫高窟内容最为丰富的佛传故事画，在现存的佛教艺术中也是罕见的。从画面中可以看到各种生活场景，如宫中生活、歌舞宴乐、骑射比武、市井生活、农耕景象等等，反映了当时社会的种种生活状况。

充满牺牲精神的本生故事

本生故事是指释迦牟尼佛前生的故事。佛教认为人是会轮回转世的，佛就是经过了无数次轮回转世，并且每一次转世他都做了很多善事，或者是经过刻苦修行，最后才成为佛。佛经中记载了释迦牟尼佛前世的无数善行故事，这些故事就称为本生故事。

九色鹿本生　九色鹿本生（图 74）故事本来是古印度流传很广的传说，佛教产生后，这个故事也被编入了佛经中。故事讲的是在古代印度的恒河岸边，住着一只美丽的鹿，它的皮毛色彩斑斓，有九种颜色，所以称为九色鹿。一天，九色鹿正在河边散步，突然听到河里传来一阵急促的呼救声。九色鹿循声跑去，只见一个落水的人正在急流中挣扎。善良的九色鹿见状，不顾自己的安危，毅然跳进激流中，游到落水人跟前，把那人背在背上，奋力游回了岸边。落水的人千恩万谢，跪在九色鹿前说，恩人啊，真不知道怎样报答你才好。九色鹿平静地说，不用感谢，但有一点请你答应我，就是你回去后千万不要把我所在的地方告诉任何人。人们贪图我的毛皮，可能会加害于我。落

图 74　九色鹿本生（局部）　莫高窟第 257 窟西壁　北魏

水之人指天发誓说，我决不把您的行踪告诉任何人。如果违背誓言，让我全身长满毒疮，痛苦而死。当他回到城里时，看到城门口贴着一张告示，很多人正在围观。原来这个国家的王后做了一个梦，梦见一只十分美丽的九色鹿。醒来后，她要求国王把九色鹿捕来，取下毛皮为她做衣服。国王以为只不过是一个梦罢了，未必就真有九色鹿。但为了满足王后的要求，只好叫人贴出一张告示，上面写着：有知道九色鹿行踪者，愿意分一半的国土给他，并赏赐金银无数。那个落水人看到这张告示，在重金的诱惑下，顿生贪婪之念，便忘记了自己的誓言，向国王报告了九色鹿所在的地方。第二天，国王带着大批军队来到了恒河边的那一片树林。九色鹿根本不知道危险来临，它正在林中午睡。它的好友乌鸦把它叫醒时，国王的军队已经把它团团包围了。九色鹿突然看见落水的那个人在国王前面带路，马上明白了一切。它昂首走向国王，对国王说，贤明的君主啊，我曾有恩于你的国家，为何却要杀我？接着它把头一天在恒河边救人的事一五一十地告诉了国王。国王听了十分感动，他说鹿为兽类，尚且知道善恶，而人却怎么做出忘恩负义的事？于是下令从此以后不许任何人伤害九色鹿。那个落水之人自从告密以后，浑身长满了毒疮，发出恶心的臭味，不久便痛苦死去。

这个故事画在莫高窟第 257 窟的西壁，画家采用了中国传统的长卷式连环画的形式，按两头到中央的顺序，详细描绘了故事发展的经过。把九色鹿向国王陈述事情经过的场面画在中央，突出了正直善良的九色鹿形象，特别是昂然挺立的九色鹿给人留下深刻的印象。

萨埵本生　莫高窟第 254 窟南壁画出的“萨埵本生”的故事（图 75），描绘古代印度宝典国国王有三个儿子，最小的名为摩诃萨埵。

一天，兄弟三人一起到山林中游玩，返回的路上，发现一只母虎躺在崖下，已饿得奄奄一息，旁边还有几只小虎，也饿得嗷嗷直叫。三人都很同情，但谁也想不出救助它们的办法。萨埵想找一些食物给老虎吃，但哥哥告诉他：“老虎只吃新鲜血肉，别的东西无济于事。”于是，萨埵太子暗自决定要救活这些老虎，他让两个哥哥走在前面，自己悄悄地返回了老虎所在的地方，躺在地上让老虎吃他。可是，几只老虎饿得连咬他的力气都没有了。萨埵很焦急，他找到一根木刺，爬到山

图 75　舍身饲虎　莫高窟第 254 窟南壁　北魏

崖上，用木刺刺破喉咙，然后跳下山崖，落在母虎身旁。母虎和幼虎舔食萨埵流出的鲜血，渐渐地有了气力，就把萨埵太子身上的肉吃光了。萨埵的两个哥哥发现三弟不见了，慌忙返回山中寻找，却见山崖下只有一堆白骨。他们顿时明白萨埵为救老虎已经舍身，不胜悲痛，便匆匆回到王宫，报告了国王。国王和王后闻讯哀伤不已，二兄弟忍痛收拾萨埵遗骨，造塔供养。

这个故事情节十分曲折离奇，画家把故事的全过程画在一个方形的画面中。画的中心是两兄弟朝下观望，沿着他们的视线，我们看到右下侧一只面目狰狞的老虎正在啃咬一个横躺着的人，这是全画面的中心。右侧描绘萨埵太子刺项、跳崖两个连续性的画面，正与“饲虎”这一场面衔接起来，使画面充满了悲壮的色彩。左下侧画萨埵父母抚尸恸哭，更烘托了画面的悲剧气氛。整个画面结构紧凑，色彩强烈，在视觉上给人以戏剧效果，是早期故事画的优秀之作。同样的内容也被画在北周第 428 窟东壁。在这里，画家通过上、中、下三段的长卷式画面，把萨埵太子与二兄离家、进山、见虎、饲虎直到造塔供养等共 14 个情节一一详尽地画出来（图 76）。这种连环画的形式虽然不像第 254 窟画面那样集中、强烈，但却描绘具体，明白易懂。所以，北魏以后的壁画中，连环画形式更为流行。

尸毗王本生　北魏第 254 窟北壁画出了一幅“尸毗王本生”故事画（图 77），描绘古代一个叫尸毗王的国王乐善好施，立誓普救众生。一天，一只老鹰追逐一只鸽子，鸽子生命危急，飞来飞去无处藏身，便来到了尸毗王的身边，请求尸毗王保护它。这时，老鹰已经追来，向尸毗王索要鸽子。尸毗王说我立誓要拯救一切生灵，希望你不要吃了

图 76　舍身饲虎（线描临摹）　莫高窟第 428 窟东壁　北周

这只鸽子。老鹰说如果今天我不吃鸽子，便会受饿而死，你为何只救它却不救我呢？尸毗王说我给你其他的食物吧。老鹰说我只吃新鲜血肉，其他一概不吃。尸毗王想到自己的誓言，既要救鸽子，又不能害了别的生灵，于是决定用自己的肉来换取鸽子的生命。他叫左右拿刀来，割自己腿上的肉给老鹰。老鹰对尸毗王说大王既然要用自己的肉代替鸽子，我也不敢贪多，就请用秤来称够与鸽子同样重量的肉吧。尸毗王就让人找来一杆秤，一头放鸽子，一头放从自己身上割下的肉。说来也怪，国王把腿上的肉割尽，又把身上的肉也割完，还是达不到鸽子的重量。国王想到自己的誓言，为了彻底救助这只弱小的鸽子，毅然举身坐上了秤盘，决定把全身都施舍给老鹰。这时天地震动，诸天神为尸毗王散下鲜花，割下的肉一下子都复还于国王身上。只见帝释天与大臣满面笑容站在国王前面说，恭喜你成就了无上正果。原来，

图 77　尸毗王本生　莫高窟第 254 窟北壁　北魏

帝释天为了检验尸毗王对于施舍是否真诚，便与大臣分别变为老鹰和鸽子来试验。果然尸毗王意志坚定符合佛教修行的要求。

壁画上，画家着力刻画了尸毗王这一形象，他头微向前倾，表现出慈祥大度而又无所畏惧的神情。他一手托着鸽子，一手扬起阻挡老鹰。在他的左侧，一个面目凶狠的人一手操刀，一手用力割肉。右边一人提着秤，秤的一边放着鸽子，一边则是坐着的尸毗王。周围画出国王的眷属们悲伤痛哭，衬托出国王的安详与平静。

具有忠孝思想的佛教故事

佛教初传中国的时候，讲究修六度（也称六波罗蜜，指布施、持戒、忍辱、精进、禅定、智慧等六项修持内容）。因此，壁画中充满了关于施舍、忍辱和牺牲精神的本生故事，有的故事很难为中国人所接受。在南北朝时期经历了较长时间的儒、释、道之间的斗争，北魏武帝和北周武帝的时候，就曾采取过大规模的灭佛行动，拆毁寺院，破坏佛像，迫使僧尼还俗等，给佛教以沉重的打击。这迫使佛教不得不采取更为灵活的措施来适应中国的道德观念、社会习俗和文化环境。为了与儒家思想妥协，宣扬忠孝思想的故事也就多了起来。于是壁画中就出现了像睒子本生、须阇提割肉奉亲、善事太子入海求珠、五百强盗成佛等与儒家思想接近的故事，表明佛教逐渐与中国传统文化相融合了。

睒子本生　睒子本生讲的是一个关于孝道的故事。古代迦夷国有一对年老夫妇双目失明，幸而晚年得子，取名睒子。睒子长大后对父母十分孝顺。夫妇一直向往到远离城市的山中过清静的修行生活。睒子长大后，他们一家便住到深山里去了。睒子与周围鸟兽和谐相处，每日到溪边汲水，专心侍奉父母。一天睒子身披鹿皮衣去溪边汲水，这时正好遇见迦夷国国王带兵到山中打猎。国王见溪边有不少野鹿，就弯弓射箭，没想到射中了正在溪边取水的睒子。睒子惊叫道，你一箭射杀了三道士啊！国王见射中了人，心中十分懊悔，忙到跟前看望。听了睒子的话却十分不解，便问睒子是什么意思。睒子说盲父母将无

图 78　睒子本生（局部）　莫高窟第 299 窟窟顶北披　北周

人照顾，难以在山中生活，说完便死了。国王非常难过，表示要代睒子养活他父母。国王亲自到盲父母处说明情况，带睒子的父母来到睒子死去的地方。他们失声痛哭，哭声感动了天帝，于是天帝派人救活了睒子，并使盲父母双目复明。这个故事画在北周第 461 窟、第 438 窟、第 299 窟都有描绘，其中第 299 窟最具代表性（图 73）。在第 299 窟画在洞窟顶部北侧沿藻井边缘的一条长画卷形式的壁面上，故

图 79　善事太子本生（局部）　莫高窟第 296 窟窟顶东披　北周

事由两头向中间叙述，左侧由左至右描绘迦夷国王在宫中、乘马出行、射猎及睒子中箭等情节；右侧则由右至左描绘睒子在山中侍奉父母、国王引盲父母到溪边、抚尸痛哭等场面。把故事的结尾放在画面的中央，突出了睒子的形象。

善事太子本生　善事太子本生故事画在北周第 296 窟的窟顶（图 79），讲的是古代宝铠国国王有二子，一名善事，一名恶事。善事太子心地善良，常常把国库打开，把宝物施舍给穷人。可是，时间长了，国库渐渐空虚，大臣们颇有议论。善事太子感到应该想一个更好的办法，让人们都能得到财富。这时，有人告诉他海底龙王有如意宝珠，

要什么就有什么。善事太子决定到大海里去找如意宝珠。这时，恶事太子也想跟着去。于是，善事与恶事辞别父母，分别乘两条大船向大海深处进发。路上遇见金山、银山，贪婪的恶事搬了很多金、银上船，结果船载过重而倾覆。而善事太子坚持向前进发，在盲导师的带领下，经过很多艰难曲折，终于到达龙宫，向龙王求得如意宝珠。善事太子返回途中在一个岛上与恶事太子相遇，兄弟俩共述别离之情。恶事见善事取得宝珠，心生嫉妒，趁善事睡着的时候，用毒刺刺瞎了善事的双眼，抢走了宝珠，独自先行回国，他编造谎言，说善事太子已死，自己取得了宝珠。善事在梦中突然被刺瞎双眼，却不知是恶事所

为。过了很久，有一牧牛人赶牛而过，牛用舌头舔出善事眼中的毒刺，善事太子随牧牛人来到了利师跋国。他请牧牛人帮他做一把琴，此后便每天在街上以弹琴卖艺为生。利师跋国国王果园的人见他可怜，就让他帮助看管果园。善事太子用绳子系上铃铛，每听到鸟声，就拉铃赶鸟，闲时就在树下弹琴自娱。利师跋国国王有一个美丽的公主，她到果园散步时，听到善事太子的琴声十分动人，就常常来听善事弹琴，并与善事聊天。日子久了，她渐渐爱上了这个盲人。可是国王不同意他们结婚，公主却十分坚定，国王只得同意。后来大家才知道善事太子的来历，非常惊喜。其实，从前公主就已许配给了宝铠国的善事太子。于是，国王派很多人护送善事太子回国。这个故事画在第 296 窟窟顶，以两段横卷式画面由右至左的顺序表现，共描绘了 42 个情节。其中太子出游、施舍以及耕作、渔人捕鱼、乘船航海等场面都表现出细腻而浓厚的生活气息。

五百强盗成佛　五百强盗成佛的故事，也叫“得眼林”故事。讲述古代印度某国有五百强盗经常抢劫作乱，后来国王派官兵与强盗激战，终于把五百强盗全部收捕并处以极刑，有的剜眼，有的割鼻，强盗们在树林中痛苦哀号。哭声惊动了天上之佛。于是，佛以慈悲心从天而降，为他们说法，使他们悔悟而争相皈依佛门，佛就洒下神药使他们的伤口愈合、眼睛复明。五百强盗改邪归正，努力修行，终于个个得成正果。

这个故事表明即使是作恶多端的强盗，只要放下屠刀即可立地成佛。在莫高窟第 285 窟和第 296 窟都画有这个故事（图 80）。西魏时期的第 285 窟南壁，以长卷式连环画的形式描绘这个故事。画面从左

图 80　五百强盗成佛（局部）　莫高窟第 285 窟南壁　西魏

至右绘出了官军与强盗作战，强盗被捕、受刑、山中流放，佛为其说法，五百强盗皈依等情节。画家不仅画出了人物，而且对周围的环境也很注意，画出了高大的房子，远处的山峦、树木和水池，以及山中的禽兽等。特别是佛为强盗说法的画面，山丘环绕的水池，池中绿水荡漾，水中有鸭子、鹭鸶等水禽，山中可见鹿子、狐狸等兽类，在佛的身后是一片翠竹。如果抛开故事内容，我们看到的完全是一幅情趣盎然的山水画。画面中佛说法时的平和与官兵和强盗作战时的残酷形成鲜明的对比，具有很高的艺术性。第 296 窟南壁也描绘了同样的内容，也是采用长卷式的画面，自右至左详细表现了官兵出征、与五百强盗激战、俘获强盗、对强盗处刑、强盗悲鸣、佛对强盗说法、强盗皈依等情节，画面强调与强盗的战斗和强盗被处刑，有意表现王权的强大。

佛教史迹故事画

壁画中有一类故事主题是讲述一些佛教历史上的故事，称为佛教史迹画。但这些故事往往加入了很多宗教性的神异传说成分，有人也把它称为佛教感应故事。建于盛唐之初的第 323 窟较为集中地绘出佛教史迹故事，此窟南北两壁的主要壁面上共绘制了八个佛教史迹故事画。这些故事并列绘于横长的画面上，既不是横卷式连环画，也不是单幅画的并列，而是以统一的全景式构图，各个故事穿插其间，形成自然的平衡。画家以绵延不断的青绿山水作背景，利用山峦自然形态，隔出一个个空间来展开故事情节。由于青绿山水技法的成熟，这里不像早期那种装饰性山峦，仅仅起到分隔画面和象征性背景的作用，而是利用山水透视构成一个巨大的空间环境。在整体布局上，山水决定着画面的均衡与变化，并且与人物巧妙结合起来，极大地增强了故事画的表现力。

佛图澄神异故事　佛图澄是晋朝时西域的名僧，少年出家学道，精通佛法，曾帮助石勒建立了赵国。石勒死后，后赵皇帝石虎对佛图澄更加敬重，封佛图澄为国师，广受世人崇敬。据《高僧传》记载，佛图澄擅诵神咒、役使鬼神、观面相知人意、治疑难病、懂起死回生术等。所以，历代佛教徒撰写了很多佛图澄的神异故事。壁画（图 81）的上部画佛图澄立于七层塔前，双手合十向人们解说塔檐的风铃声音有异，指出这是不祥的凶兆，他预言石虎和石韬将要火并。中部画佛图澄为石虎说法时，突然感到有异，告诉石虎，幽州四城门起火，并使出神力把酒洒向空中。在场的众人将信将疑，石虎派人到幽州查验，回报说当日幽州发生火灾，后天降大雨而火灭，雨中有酒味。壁画的下部还画出佛图澄能洗涤自己的肠子。据说佛图澄左乳旁有一小洞，

图 81　佛图澄的故事　莫高窟第 323 窟北壁　初唐

直通腹内。平日，佛图澄常用棉花堵塞小洞。如果他想读书时，就把棉花拔掉，则放出光芒使满屋子通亮，佛图澄就借此光诵读经书。每逢斋日，佛图澄来到河边，将肠子从腹中掏出，用河水清洗完毕后，还复腹中。画面中是佛图澄赤裸上身，盘腿坐在水池边，正在河边洗肠的情景。

石佛浮江的故事　画在莫高窟第 323 窟南壁西端（图 82），讲的是西晋建兴元年（313 年）在吴淞江口，渔民们远远看见两石像漂浮于海面上，以为是海神，遂敬香远迎。谁知海上风浪大作，渔民见此情

图 82　石佛浮江的故事　莫高窟第 323 窟南壁　初唐

景，心中害怕而返。有信道教者，以为是他们的天师降临，遂设醮坛，大兴法事。但风浪不减，越来越盛。后来信奉佛教的居士朱应听说此事后，和东林寺僧人及佛教徒数人到江边，设斋向石像稽首唱赞歌，江面上立刻风平浪静，两个石佛踏水而至，佛像背后各有铭文，一名“维卫”，一名“迦叶”。朱应等人立即以船接迎，运载两石佛像入通玄寺。

这幅画共有三个情节，从右上角开始：1. 远处江面有二石佛，岸边可见僧俗七八人注目礼拜，旁有榜题“此西晋时有二石佛浮游吴淞江，波涛弥盛，飘飘逆水而降，舟人接得，其佛裙上有名号，第一维卫佛，第二迦叶佛，其像见在吴郡供养”。2. 绘巫祝三人在岸边扬幡设醮，后边有二人正在讲话，下有题记“石佛浮江，天下希瑞，请□□□谓□道来降，章醮迎之，数旬不获而归”。3. 绘一小船载二佛，船上比丘二人，扶持佛像者二人，船工二人。岸上有比丘跪拜，僧俗多人从远处赶向岸边。题记“灵应所之不在人事，有信佛法者以为佛降，风波遂静，迎向通玄寺供养，迄至于今”。

这个故事利用山水分出三个情节，由远及近，推向高潮。曲折的河流把远景、中景、近景联系起来，画家着重刻画了故事的高潮——迎佛的场面。以佛为中心，周围的人们不约而同地向佛走去。这样，就把四周疏疏落落的人群统一起来，构图形散而神不散。在统一中又有变化，不同的人物表现出不同的个性，如步履蹒跚、拄杖而行的老人和天真稚气的小孩等形象都描绘得细腻生动。

扬都出金像故事 画在第 323 窟南壁西起第二幅。讲的是东晋咸和年间（326—334），丹阳的地方官高悝在张侯桥发现水中有一尊金佛像放射着光芒，佛像没有背光和佛座。随后，高悝令人用牛车载像而归。当牛车走到长干巷口时，拉车的牛拒绝前行。众人决定让牛自行前走，众人紧随其后至长干寺。高悝等人将金像安置于此寺。扬都的百姓听说此事后，都感到很惊奇，争先恐后到长干寺供养礼拜金佛像。一年后，一渔民在海上发现了金像的莲花座，将此送到了扬都县衙中。扬都县衙又将佛座送到了长干寺，安置在金像的足下，全然符合。又过了几年，到了东晋咸安元年（371 年），一采集珍珠的人又在海底发现一佛像背光，与长干寺金像吻合。历经多年，金像、佛座、背光三者才完全归于一体，并通过金像莲花台上的梵文文字得知此金像是阿育王第四女所造。

此画与石佛浮江故事一样，在山水背景中表现人物的活动，特别是表现众人乘船从远处水中载佛像，由远而近，周围还有不同的人物前来观看。远近空间的处理以及不同人物的面貌与性格特征表现得十分生动自然。遗憾的是这一珍贵的画面于 1924 年被美国人华尔纳用一种黏胶揭取而盗走，现藏于美国赛克勒博物馆。

附属于经变画中的故事

未生怨故事　故事大意是王舍城的国王频婆娑罗（又称瓶沙王）有一太子名阿阇世，自小就受到国王和国后的百般宠爱。可是，太子长大成人后，一天忽然心生恶念，举兵政变，篡夺王位，将父亲幽闭在七重深牢，断绝食物，欲将父王活活饿死在牢中。王后韦提希夫人十分担心国王，而阿阇世不许给国王送食物。王后就把蜜面涂在身上，葡萄汁灌于璎珞之内，给国王充饥。国王经过二十余日，并未饿死。阿阇世太子感到奇怪，就拷问狱卒，得知是王后所为，当即大怒，就用铁钉钉死父王，并持剑欲杀母后。因两位大臣苦苦相谏才作罢，遂将王后囚禁深宫。韦提希夫人被幽禁在深宫，每日向佛遥礼，她深为不解的是为何如此疼爱的儿子会产生杀心，将亲生父亲杀害？佛与目连、阿难二弟子来到王宫为她讲述了过去、现在的因缘：原来当初瓶沙王与王后年老无子，就盼望生一个儿子。于是请相师占相。相师告知当有一子，但此人在山中修行，要等他功德圆满后才来投生。国王心急，派人到山中断了修行者的水源，使之饥渴而死。但王后还是没有

图 83　未生怨的故事
莫高窟第 320 窟北壁　盛唐

生子。国王又问相师，相师对国王说，你求子心切，已悖常理。如今他变为兔，在山中生活，只等兔子寿终，就来投胎。国王仍不死心，派人到山中打猎，凡获兔子都以铁钉钉死。于是，王后有孕，生下了太子阿阇世。

王后听了此因缘，无限悔恨，专事念佛，别无他念。佛便教她十六种摆脱尘世烦恼而达到佛教极乐境界的方法，即“十六观”。

观无量寿经变画通常构图为中间主要画面绘出极乐世界，两侧以条幅的形式对称画出“未生怨(序品)”和“十六观”。以竖条幅形式绘出未生怨，第 320 窟、第 172 窟等窟是较为典型的代表。如第 320 窟北壁，从下到上大致描绘六个情节(图 83)：1. 森严的宫门有一门卫，身后架上插着五支长矛；2. 王子骑在马上，从人执缚国王；3. 王后探望国王；4. 守卒禀告阿阇世；5. 王子执剑欲杀王后，旁二大臣进谏；6. 王后礼佛，佛从天而降，为之说法。画家利用房屋建筑构成一个个独立的空间，把每个情节描绘在各自的空间环境。与早期横卷式故事画相比，这里每一个情节画面的独立性加强了，几乎可以分出清晰的界限来。对画面情节的选择与刻画，体现出更成熟的设想。如第二画面，右侧为阿阇世骑在马上，左侧是随从抓住国王，国王正竭力挣扎。矛盾冲突的瞬间表现在画面上很富于戏剧性。又如王子执剑欲杀王后的场面，在第 172 窟南壁，选取了王子举剑欲杀，王后惊恐奔逃这个时刻。右侧一班大臣拱手而立，正战战兢兢地苦谏。左右两侧一动一静，各人的精神活动通过外在的动作表露无遗。这些富有表现力的画面，大大增强了故事画的感染力。

流水长者子故事　这个故事来自《金光明经》，讲的是古印度一个名叫持水的长者，有一个儿子叫流水。流水精通医术，治病救人，深得人民爱戴。一日，流水领着两个儿子水空与水藏到郊外散步，忽见很多鸟兽都朝一个方向跑去。他觉得奇怪，就跟踪而去，发现有个大水池，由于烈日暴晒，池水即将干涸，池中一万条鱼面临着生命危险。这些鱼都注视着流水，求他救命。流水见此情景，急忙领着儿子四处寻找水源。他返回城中，向国王借了 20 头大象，又向人借了一些皮囊，疾驰河边，以皮囊盛水，大象驮运，很快来到水池边，将水注入池中，一万条鱼全部得救。流水颇为高兴，沿池边行走，发现池中之鱼仍然跟随着他沿岸而游。他明白这些鱼为饥饿所迫，正向他求食。于是，他派遣两个儿子赶着一头大象回家向祖父取得鱼食，二子带来很多食物，流水将食物撒于池中，鱼得饱食，戏游水中。

一天，流水宴请宾客，酒后醉卧高楼。这时，池中的一万条鱼同日命终，升上忉利天，转世为一万天子。为了报答流水的救命之恩，一齐下到人间，来到了流水醉卧的高楼。流水正在熟睡，一万天子将无数的珍珠、璎珞放在流水周围，然后向天空翱翔而去。此时，天空出现了许多瑞相，光明如昼。第二天，国王询问大臣为何昨夜光明如

图 84　流水长者子故事
莫高窟第 55 窟东壁南侧　宋

昼。有人告知可能是一万天子到流水家谢恩。于是，国王派人到池中检验，果然一万条鱼全部命终，池中充满了各种鲜花。

这个故事画在宋代第 55 窟东壁门南侧的金光明经变画右侧（图 84）。在以净土图为中心的经变画两旁以条幅的形式画出故事，这是盛唐以来观无量寿经变画形成的模式，后来在很多种经变画中都采用了这样的模式。这幅金光明经变画一侧画的是萨埵本生故事，一侧画流水长者子故事。画面自下而上，条理清楚地描绘了故事情节。

唐代后期，经变画中开始出现以屏风画配合经变画主题表现具体故事，上部绘极乐世界图，下部由几幅屏风表现其中的故事和相关内容。如第 159 窟南壁共绘制三铺经变画，下有九幅屏风画，《弥勒经变》下部为该经的“嫁娶”等内容。《观无量寿经变》下部屏风绘制“十六观”“未生怨”等内容。《法华经变》下部绘制“随喜功德品”“观音普门品”等内容。但也有很多屏风画与经变画无关，绘制独立的故事画。如晚唐第 9 窟中心柱东向龛内西壁屏风画分别绘“萨埵本生”和“闻偈施身”故事，北壁三幅屏风画为“须达拿本生”故事。其中“须达拏本生”较有代表性，第一幅屏风画自上而下绘出：1. 须达拏被驱出城；2. 须达拏携妻子出走；3. 遇人乞马，须达拏将马施人；4. 须达拏推车而行；5. 遇人乞车，须达拏将车施人；6. 须达拏一家步行前进。第二幅屏风画自下而上绘出：7. 须达拏一家迤逦前行；8. 山中结庐而居；9. 婆罗门求施二小儿。第三幅屏风画自上而下绘出：10. 须达拏夫人痛哭；11. 婆罗门驱二小儿行走；12. 二小儿随婆罗门前行，路见行人；13. 婆罗门入城。从这个故事可以看出，屏风画仍然具有连环画性质，只不过没有明确的顺序，观众根据画中的榜题文字来辨别故事情节及发展顺序。几幅屏风相连接时，情节先自上而下，再自下而上，自然相衔接，便于观览。每一幅屏风画中又形成一个完整的画面，以山水为主体，穿插人物故事。

屏风故事画在唐代后期盛行，直到五代、北宋时期仍然是故事画的主要表现形式，并产生了如第 61 窟的佛传故事、第 98 窟的贤愚经故事等规模较大的作品。

故事画的艺术成就

莫高窟故事画的发展，从北朝到隋代大体经历了单幅画到连环画的演变。从佛教故事的内容来看，早期的本生故事情节单一，单幅画足可表达全故事的内容。但随着佛教的深入发展，故事内容越来越丰富，画家在单幅画里尝试多情节处理，虽取得了很好的效果，但比起连环画来，它的缺点还是很明显的。因此，长卷式连环画应运而生，并逐渐发展完善。早期的单幅故事画较多地吸收了西域画法，具有纯朴、豪放又富于装饰性的特点，但又有别于西域那种注重人体比例、精细而具有图案化效果的特征。西魏以后，画家接受了来自中原横卷式构图和山水、房屋衬托等优点，同时也吸取单幅画的一些长处，创造出容量较大、情节设计灵活、首尾完整统一、线描造型手法规范等特点的连环故事画。北周到隋代，长卷式连环画成为表现佛教故事最流行的形式。唐代以后，长卷式故事画出现较少，隋及初唐时期多于佛龛两侧表现两个典型的佛传故事（“乘象入胎”和“夜半逾城”），对称地表现，富有装饰性。在色彩处理上也独具匠心，通过对比色突出形象。盛唐以后，在一些经变画中形成了较为成熟的连环画艺术。如很多洞窟中常见的观无量寿经变画中的未生怨故事，金光明经变画中的流水长者子故事等，代表了中国古代连环画艺术的重要成就。中晚唐以后屏风画流行，故事画又融入壁画整体布局之中。

故事画对于佛教宣传来说具有十分重要的意义。在佛教传入中国的早期，由于佛——释迦牟尼以及佛教的很多教义还不为广大民众所熟知，佛教寺院和石窟壁画中十分重视表现与释迦牟尼佛有关的故事，往往画得十分详细。唐代以后，由于佛教的普及，那些佛教的基本教义和相关故事在广大信众中已经耳熟能详，壁画中就很少出现像北朝那种详尽地描绘佛传和本生故事的情况，而较多地出现以净土世界为主题的画面——经变画。但故事画并没有完全消失，只不过是处于从属的位置，画在经变画的侧面或下方。

XIEGEI
QINGSHAONIAN
DE
DUNHUANG
GUSHI

写给青少年的
敦煌故事

佛国之境（经变画）

经变画就是概括地表现一部佛经的主要内容，这种画情节较多、规模较大。它不像佛经故事画那样单纯地表现一个有头有尾的故事，而是综合地表现佛经所记的场面。佛经主要是讲佛教哲学思想和修行方法等理论的，有的佛经是利用很多故事来说明一些宗教的理论，经变画就以画面的形式描绘这些生动的故事。但有的佛经没有什么故事，画家通常就表现佛讲法的那个场面，往往是以佛为中心，周围还要表现众多的佛弟子、菩萨、天龙八部等众以及世俗人物听法的场面。所以，经变画往往人物众多，场面宏大。在佛教传入中国的初期，讲述故事的佛经流传较多，佛教也需要通过浅显易懂的形式来宣传基本理论。到了隋唐以后，佛教在中国已经很流行了，佛教理论性的经典也受到重视。于是，经变画在佛教壁画中流行起来，很多经变画仅仅表现佛说法的场景，佛所在的净土世界。

根据经变画的表现形式，大体又可分为两个类型：一是叙事性经变画，一是净土图式经变画。叙事性经变画往往有一定的故事情节，或者以一定的情节为线索来表现佛经教义，具有故事画的某些特征，画面可以按一定的顺序来看。如出现较早的涅槃经变画、维摩诘经变画就属于此类。净土图式经变画则是以佛所在的净土世界为中心，表现佛教净土世界的种种场面。虽说有的净土图式经变画也有故事情节，但故事画面不占主要地位。代表性的经变画有阿弥陀经变、观无量寿经变、弥勒经变、法华经变等。唐代以后的石窟通常都在左右两侧壁及门两侧各绘通壁巨制的经变画。中唐以后，经变画的种类越来越多，往往在一壁之中并列绘 2~3 铺经变画。五代的一些大型洞窟还有在一面壁上绘五铺经变画的情况。总之，经变画是唐代以后敦煌壁画的主要题材，在石窟中具有举足轻重的作用。经变画也是中国式佛教艺术的代表，体现着中国人对佛教的理解和中国人的审美观。古代画史记载了隋唐及以后中原地区很多寺院壁画的经变画，其中有不少是展子虔、吴道子等著名画家所绘。可是，由于时代变迁，隋唐以至宋元的寺院大多不存，历史上那些有名画家的作品后人也无法领略了。所幸还有敦煌石窟这样的文化遗迹，保存了大量古代绘制的精美壁画，我们从中可以推测历史上那些著名画家的绘画风格和特点。所以，敦煌壁画中的经变画具有十分重要的历史价值和艺术资料价值。

涅槃经变

涅槃经变画主要是根据《大般涅槃经》绘制的。在北周壁画中就已出现了作为佛传故事中一个场面的涅槃图，到隋唐时期则形成了规模宏大的涅槃经变画。

初唐第 332 窟的涅槃经变画是较典型的绘、塑结合的大型涅槃经变画。本窟建于武则天时代的圣历元年（698 年），是一个中心柱窟，在中心柱背后的洞窟西壁开一龛，内塑涅槃佛像，身长 5.6 米；龛内原有佛弟子塑像，现已不存。在南壁配合涅槃像绘制了高 3.7 米、长达 6 米的内容丰富的经变画。

画面从右下部开始，向左发展，然后由左向右，共描绘了 9 组情节：

1. 释迦临终说法。释迦牟尼结跏趺坐，手作转法轮印，为弟子们宣讲涅槃理论。周围众菩萨、弟子及天龙八部聆听佛的最后一次说法。在画面的上部还画了一座大山，山下有一比丘与一个婆罗门对话，表现佛弟子迦叶从耆阇崛山赶来，途中向婆罗门询问释迦的病情。

2. 释迦牟尼躺在娑罗双树林中的七宝床上，众弟子焦急地围在释迦周围，询问佛是否涅槃。

3. 释迦于夜半时分入般涅槃，佛弟子们痛不欲生，哽咽流泪。拘尸那城的男女老少都来到佛所在的地方，悲痛流泪。佛弟子密迹金刚闷绝于地，须跋陀罗先佛入灭。

4. 拘尸那城的人按转轮圣王的规格入殓释迦圣体，做成了用七宝镶嵌的金棺，众弟子菩萨等围绕金棺礼拜举哀。

5. 佛母摩耶夫人听说释迦涅槃，匆匆自天而降，十分悲伤。释迦牟尼听到了母亲说话声，便自金棺中坐起，为母亲讲涅槃的意义。

6. 诸比丘抬着金棺出殡，前有八个菩萨持幡引路。众菩萨、弟子及天龙八部等送葬。

7. 佛棺焚化，众菩萨弟子及佛母在旁哀悼。在画面的右下方还画出三个比丘手舞足蹈，表现一些不守戒律的比丘幸灾乐祸，以为佛涅槃后再不会有人来管教他们了。

8. 八国王为争舍利而战斗。佛经上说，佛于拘尸那城涅槃后，以摩竭国国王阿阇世为首的八个国王带兵前来求分舍利，遭到拒绝，于是各自兴兵作战。画面右侧画出七人各骑战马，手执长矛，奋勇冲杀，生动地表现出一幅古代战争图（图 85）。

9. 经一位婆罗门调停，八王平息了战争，均分舍利，各自造塔供养。

按一定的顺序描绘故事的手法继承了早期故事画的方法，但由于整幅画在一个完整的山水背景中展开，使经变画构图统一。人物、场景也不是画在固定的画幅中，而是根据具体场面安排大小，使全局统一，表现出宏大的空间关系。

盛唐第 148 窟是完全以涅槃经变画为主题的洞窟，洞窟主室形制

图 85　争舍利之战　莫高窟第 332 窟南壁　初唐

为横长方形，这样的洞窟形制也称作涅槃窟。正面有一高 1.4 米的佛床，在佛床上面塑出长达 14.4 米的释迦牟尼涅槃像，塑像经后代重修已失去盛唐风韵。佛像后面还有清代塑的七十三身佛弟子像。后壁和两侧壁画出了规模更为巨大的涅槃经变画。壁面高约 2.5 米，总长达 23 米。单从面积来说，这铺涅槃经变画可能是现存最大的涅槃经变画。主要描绘了十组画面，包括六十六个情节，出场人物达五百多。画面由南壁向西壁然后向北壁延伸，按顺序画出释迦涅槃以后的诸多情节内容。主要的情节与第 332 窟一致，但又增添了不少细节内容，刻画更为细腻。如第二组画面表现“纯陀供养”，讲的是佛接受了纯陀等人的供养，食后因为背痛而入般涅槃。这一情节是第 332 窟没有的。在表现出殡图时，描绘出巍峨的中国式城郭建筑，画面十分写实。八王争舍利的情节并没有表现八王战争，而是表现七王来求分舍利，被拒绝后悲愤而还的情景（图 86）。画面中拘尸那城城门紧闭，戒备森严，七国王在城外想要舍利，城中停放着释迦金棺。帝释天从中取出佛牙舍利回天上供养等等。总之，第 148 窟的涅槃经变画内容丰富，表现细腻而生动，每个情节都描绘了众多的人物形象，并画出相关联的山水、城郭、道路等景观，更增强了写实感。特别是山水树木的描绘反映了唐代山水画的成果，成为中国美术史上重要的作品。

中唐的第 158 窟与第 148 窟一样，也是一个涅槃窟，佛床上塑出长达 15.6 米的涅槃佛像，洞窟南面塑出过去世迦叶佛，北壁塑出未来世弥勒佛，合起来组成过去、现在、未来“三世佛”。在佛像身后有众多的菩萨和弟子形象。这里的涅槃经变画没有详细描绘各种故事情

图 86　分舍利　莫高窟第 148 窟西壁　盛唐

图 87　涅槃经变中各国王子举哀图
莫高窟第 158 窟北壁　中唐

节，而是重点在南壁画出众弟子举哀图，在北壁画出各国国王、王子们的举哀图。南壁画面中迦叶满面泪痕，张口大哭，双手高举，身体前倾，身旁两弟子担心他倒地而将他拦住；阿难则一手遮耳，痛哭失声。其他几个弟子也都悲痛欲绝。北侧壁画中表现出各国国王和王子悲伤的表情，有的握剑剖腹，有的刺胸，有的割耳（图 87）。这正反映了古代西域各民族表现悲痛的不同方式。这些生动的场面给观者留下了深刻的印象。

涅槃经是大乘佛教十分流行的经典。佛教认为涅槃是一种崇高的境界。因此，从印度、中亚到中国的佛教艺术中，出现了很多表现涅槃经的雕刻和壁画。莫高窟共有 14 个洞窟画有涅槃经变画，很多都是绘、塑结合的，塑出涅槃像又在相应的位置画出经变。第 332 窟、第 148 窟中这样大型的涅槃经变画在世界佛教艺术中也是罕见的。

维摩诘经变

维摩诘经变画是根据《维摩诘经》绘制的。佛经上说，维摩诘是个神通广大、能言善辩的居士，他不出家，却精通佛理。他经常在家称病，人们探望他时，即向人们宣讲他的大乘佛理。经变画通常以佛派弟子去探望维摩诘这一事件为中心展开。由于维摩诘善于辩论，佛的十大弟子都不敢前往，佛就让“智慧第一”的文殊菩萨率众到维摩诘的住所，于是产生了一系列戏剧性情节。先是佛弟子舍利弗暗自思忖：如此多的人众，哪儿有这么多的坐具？维摩诘心知舍利弗所想，即运用神通，须弥灯王便遣来了3.2万狮子宝座，进入方丈而不觉拥挤，这就是令人瞠目不解的“室包乾象”。维摩诘请众菩萨、弟子升座，道行较高的菩萨都能入座，舍利弗惭愧地说，此座太高，我不能升。维摩诘道，你只要给须弥灯王行个礼，即可升座。众弟子只好给须弥灯王合十行礼，才升上座。时至日中，佛弟子暗想，大家都饿了，到哪儿去吃饭？维摩诘即知佛弟子的意念，便分身化为菩萨，飞往香积国托来一钵香饭。又有佛弟子心中嘀咕，这小小一钵饭能够谁吃？菩萨转过头，倾饭于地，顿时，香饭如山，饭香四溢，众人饱食，皆大欢喜。舍利弗问维摩诘，你从何处死后来到这里？维摩诘反问道，你学的佛法有生死吗？这时，佛告诉弟子：维摩诘来自妙喜国无动如来世界。原来维摩诘舍弃清净国土来到不净的世界，是为众生消除烦恼。于是大家都想见一见妙喜世界的样子。维摩诘一伸手，掌中现出妙喜国：其中有铁围山、须弥山等，山上有天宫，里面有不动如来和菩萨，下面有溪谷、河流、大海、日月星辰、城邑村落和人们生活的情景等，佛弟子惊叹不已。

由于维摩诘以智慧善辩著称，又可以不剃度出家而自由地在家修行，因此深受中国士大夫们的喜爱。魏晋以来，《维摩诘经》在中国十分流行，石窟中也大量出现雕刻或壁画形式的维摩诘经变画。中国现存最早的石窟炳灵寺石窟，第169窟壁画中就画出了维摩诘与文殊菩萨的画面。北魏时期的云冈石窟、麦积山石窟等都有维摩诘经变的雕刻或壁画。莫高窟共有68个洞窟表现了维摩诘经变，最早出现于隋代洞窟，唐代以后已经十分流行。隋代洞窟通常是在佛龛两侧分别绘出维摩诘和文殊菩萨，如第276窟佛龛北侧画出手持麈尾、做辩论状的维摩诘形象（图88），南侧画出文殊菩萨形象。唐代以后维摩诘经变画的规模更大，内容更为丰富，往往画满整壁。维摩诘与文殊菩萨周围描绘出众多的菩萨、弟子及世俗人物，还表现出各种相关的情节。如初唐第332窟、第335窟分别在北壁画出通壁巨制的维摩诘经变。还有不少洞窟中把维摩诘经变画在门两侧壁画上，如第220窟东壁门两侧分别画出维摩诘与文殊菩萨。南侧是维摩诘坐在帐中，手持麈尾，双目炯炯有神，神情激昂，沉浸在论辩的气氛中；香积菩萨托钵跪在前面（图89）。下部是各国王子听法的场面，上部则画出妙喜世界；门北

图 88　维摩诘像　莫高窟第 276 窟　隋

图 89　维摩诘经变　莫高窟第 220 窟　初唐

侧是文殊菩萨和弟子、菩萨以及帝王、大臣听法。画中最有意义的是中国的帝王、大臣与少数民族国王的形象。皇帝戴冕旒，着衮服，两手伸开，仪态雍容，大臣们前呼后拥，显出至尊气派（图90）。这一形象与唐朝画家阎立本所画的《历代帝王图》很相似，但在整体气势上则远远超过了阎画。各国王子的形象包括南海、昆仑、波斯及西域各国的人物，相貌、服饰各不相同，大体上反映了唐朝与周围各族、各国的交往情况。

在盛唐第103窟同样是把维摩诘经变画在东壁门两侧，南侧的维

图90　帝王图　莫高窟第220窟东壁北侧　初唐

图 91　维摩诘像　莫高窟第 103 窟东壁南侧　盛唐

摩诘凭几而坐，身体略向前倾，手持麈尾，目光直视对手（图 91）。画家以劲健的线描造型，微施淡彩，勾勒出一个气宇轩昂、雄辩滔滔的清谈家风采。维摩诘下部画出穿着不同服饰的各族王子形象。北侧的文殊菩萨端坐于高座上，表情恬静，一手执如意，一手向前打着手势，表现出从容论辩的样子。文殊身后的佛弟子相互之间悄声说话。下部则画出中国式帝王及大臣们听法的场景。

中唐时期，由于吐蕃占领了敦煌，这时的维摩诘经变画中描绘各族王子的场面，一般都以吐蕃赞普的形象为首，形成了这一时期维摩诘经变画的一大特点。如第 159 窟东壁门的南北两侧分别绘制以维摩诘和文殊菩萨为中心的众多人物。在南壁维摩诘的下部，画出吐蕃赞普头戴红毡高帽，穿着虎皮翻领袍，腰系革带，佩长剑，右手持香炉立于一个方台上，身后还有侍从替他打着曲柄华盖。前面有一人持香炉，二人作前导，后面跟随着吐蕃大臣和其他民族的人物，这样的排场不亚于中原帝王，正好与北侧文殊菩萨下面的中原帝王分庭抗礼（图 92）。另外，第 159 窟的维摩诘经变中，上部描绘维摩诘与文殊对谈的大场面，在下部则以屏风画的形式画出一些有趣的情节，如东

图 92　吐蕃赞普供养图　莫高窟第 159 窟东壁　中唐

壁南侧维摩诘的下部，画出阿难乞乳的场面。佛经上说释迦牟尼卧病在床时，佛弟子阿难持钵外出，为佛乞乳，遇上了维摩诘，维摩诘告诉阿难，要是外道知道了，恐怕会耻笑释迦牟尼连自己的病都不能治，又怎能普度众生呢，你还是赶快回去吧。这一情节在壁画上则表现为阿难托钵在一旁等待，一妇人正在母牛身下挤奶，旁边一头小牛正要向母牛走去，一个小男孩拼命拉住小牛，母牛回头看着小牛，生动地表现出一种舐犊之情。在东壁北侧的文殊菩萨的下部，还画出了维摩诘到赌博的地方劝化人的故事。画中四个人围在一起赌博，维摩诘站在左侧观看，中间一人身穿蓝色衣服，双手叉腰，满脸凶相，右侧一人正举手掷骰，神情战战兢兢，唯恐输了的样子，生动地再现出古代市井赌徒的面貌和心态。

弥勒经变

弥勒信仰在佛教传入中国的初期就已流行，南北朝时期，不仅在石窟和寺院，许多单独的造像碑也多刻弥勒菩萨的形象。但作为内容丰富的弥勒经变画则是在隋代以后才流行起来的。有关弥勒的佛经有很多种，主要流行的有《佛说观弥勒菩萨上生兜率天经》和《佛说弥勒下生成佛经》。隋代的弥勒经变画多描绘弥勒在兜率天宫说法的情景，这是表现《弥勒上生经》的内容。唐代以后，往往把《弥勒上生经》与《弥勒下生经》合起来，重点描绘《弥勒下生经》的内容。《弥勒上生经》主要讲弥勒降生于波罗奈国的婆罗门家，十二年后入灭，上生到兜率天，成为一生补处菩萨，在净土院为诸天说法。《弥勒下生经》主要讲弥勒菩萨从兜率天宫下世，以修梵摩为父、梵摩耶为母，成道后教化众生，举行过三次规模宏大的讲法活动，化度数万人，称作"弥勒三会"。释迦牟尼涅槃之前，曾将自己的袈裟交给大弟子迦叶，并嘱咐，未来当有弥勒佛降世，他将接替我教化众生，你可把这袈裟转呈给弥勒佛。弥勒成佛后，引众人到迦叶禅定之处，唤醒了深入禅定的大迦叶。于是，迦叶把释迦牟尼的袈裟送给弥勒。所以，弥勒成为继承释迦牟尼的未来佛。在弥勒世界，路不拾遗，夜不闭户，每天夜里有龙王洒水，罗刹扫地。还出现“一种七收”“树上生衣”等奇迹，人们用力甚少，收获甚多。人寿八万四千岁，妇女五百岁才出嫁。老人自知寿尽，便进入墓室平静地死去，没有痛苦。

唐代以后的壁画，画家更热衷于描绘《弥勒下生经》中的种种景象，因为这些内容与现实生活更为贴近，使弥勒世界更具体可感。敦煌壁画中的弥勒经变画共九十八铺，仅唐代就有六十五铺，说明弥勒经变画深受人们喜爱。初唐第 329 窟南壁的弥勒经变画（图 93），在上部约三分之一的画面为上生经变。经文说：兜率天宫有五百亿天子，为供养弥勒菩萨建造了华丽的宫殿，又脱自身摩尼宝冠化成供具，并从宝冠中变出宝宫、宝树、龙王等异相。壁画中弥勒菩萨头戴宝冠，善跏趺坐，两侧立有法音轮、大妙相二大菩萨，身后是五百亿天子所造的宫殿。弥勒前面有众菩萨及天子、神王等。下半部约三分之二的画面是下生经变，主要描绘弥勒降世成为未来佛，广度众生，以及弥勒世界的美妙景象。画中绿水荡漾，莲花盛开，平台楼阁，矗立其间。台上弥勒佛在中央说法，诸天圣众在周围听法。下部平台上，儴佉王正剃度出家。图中下部中央置一几案，上陈七宝，两侧画出男男女女正在剃度，后面有乐队奏乐。整幅经变画三座平台，中间有流水分隔，又有小桥通连，构图层次分明，色彩亮丽、单纯。

盛唐以后的弥勒经变画，内容更为丰富，并形成了与其他时期的经变画不同的风格。如第 445 窟北壁的弥勒经变画，中央上部画出弥勒所居的须弥山和兜率天宫，山前是弥勒佛说法及众天人围绕的情景。

图 93　弥勒经变　莫高窟第 329 窟南壁　初唐

在画面的两侧及下部穿插表现弥勒世界的各种景象，中央下部以较大的画面描绘儴佉王及眷属们剃度出家的情景，形象地表现出男女老少剃度时的不同表情。在剃度场面左侧下部，还画出了婚礼图。这是为了表现经中所说“女人五百岁出嫁”的内容而画的：在一个大院的外面，有一个大大的帐篷，新郎新娘和众多的宾客们正在里面欢宴，有一人正在跳舞。这一场面反映了唐代婚俗，新婚之日于户外搭“青庐”。在画面的右上部还画出了农夫辛勤耕作和收获的场面，这是表现经中所说“一种七收”的内容。

盛唐第33窟南壁的弥勒经变画，在构图上更集中，中央部分描绘弥勒说法的场面，上部表现上宽下窄的须弥山，山上各种宫殿楼阁，山下则是大海。周围描绘各种世俗生活的场面，于是把天上的世界与人间的世界明确地区别开来。中央下部也绘儴佉王及眷属们剃发出家的场景，在画面左上部描绘了在一个大帐子中举行婚礼的情景。新郎新娘向坐在右侧的双亲礼拜，新郎伏身跪地而拜，而旁边的新娘则欠身行礼（图94）。这也是唐代的风俗，即结婚典礼中拜双亲时，男跪女不跪。画面右上部画的是农民耕作的情形，下侧一农夫赶着两头牛犁地，上侧两个农夫正在收割庄稼。在耕作图的下部画一座城池，城

图94　婚礼图　莫高窟第33窟南壁　盛唐

池上部一条龙翻卷着乌云正在下雨，城外一罗刹鬼在扫地，表现的正是弥勒在翅头末城的情景。

由于弥勒经变画的很多场面与现实生活十分贴近，所以深受人们喜爱。盛唐以后的弥勒经变画中，剃度图、婚嫁图、耕作图等场面成了弥勒经变画中必不可少的内容，而且随着时代的变化，往往有着相应的变化。如中唐时期，吐蕃统治了敦煌一带，于是在榆林窟第 25 窟的弥勒经变画中描绘了藏族妇女与汉族男子结婚的场面，这反映了古代敦煌地区多民族共同生活的历史，这些都成为记录古代社会生活的典型画面。

阿弥陀经变、无量寿经变、观无量寿经变

阿弥陀佛的信仰是大乘佛教中最流行的信仰之一。小乘佛教认为，一个人即使累世修行，有了善根，最快也要经过三次轮回转世才能成佛。而大乘佛教则认为，人人皆可成佛，而且还有一个最简便的修行办法，就是念佛，只要念阿弥陀佛，就可以进入西方净土世界。于是，大乘佛教信仰迅速地在中国南北大地流行起来。阿弥陀佛也译作无量寿佛，崇奉阿弥陀佛的经典主要包括《阿弥陀经》《无量寿经》《观无量寿经》，也称“净土三经”。净土宗就是以这三经为宗旨的宗派。

根据《阿弥陀经》《无量寿经》和《观无量寿经》绘制的经变画，主要是描绘阿弥陀佛所在的西方净土世界，所以都可以称作西方净土变。但在壁画中，这三种经变画也有很多细微的区别。根据佛经，西方净土世界也就是极乐世界。在这个世界中，没有痛苦，只有快乐，人们丰衣足食，所需物品皆得满足，也没有劳作之苦。阿弥陀佛与观世音、大势至菩萨生活在这里，有天人做音乐舞蹈，一片歌舞升平气象。通常的人是由胎生的，而进入西方净土世界则要从莲花中生出来，称作

化生。化生表明进入净土世界，到了生生不灭的境地。

唐代以后，净土信仰流行全国。贞观十五年（641 年），净土宗大师善导就在长安绘制了三百幅阿弥陀经变画，后来，武则天以此为蓝本，制作了四百幅阿弥陀净土的大绣帐。在这种风气的影响下，莫高窟也绘出了大量的西方净土变。经专家研究，敦煌壁画中能确认的阿弥陀经变画三十八铺、无量寿经变画三十八铺、观无量寿经变画八十四铺。其他又有六十多铺简略的净土变，还不能确认是哪种净土变。

敦煌北朝壁画中就已绘制了无量寿佛说法图，但作为经变画的形式则是唐代以后才流行起来的。几种净土变主要通过巍峨的宫殿建筑来表现净土世界。无量寿经变与阿弥陀经变的区别在于无量寿经变强调“三辈往生”，即根据生前修行所积累的功德高低，在进入西方净土世界时就分为上辈、中辈和下辈的不同等级。这样的情况，在壁画中是通过莲花化生的形象来表现的。

初唐第 220 窟南壁的无量寿经变画（图 95），中间画碧绿的水池，这是表现佛经所说的七宝池、八功德水。在水池中有朵朵莲花，莲花上面坐着的儿童就是化生。还有一些透明的莲蕾，可以看到也有儿童在其中，说明这些化生要进入净土世界还需一段时间。水池中央无量寿佛坐在水中的莲花座上说法，两侧是观世音、大势至菩萨，周围有众多的听法菩萨。上面有不鼓自鸣的天乐，下面的平台上有两身舞伎在小圆毯上翩然起舞，其两侧还各有一个乐队。画面以佛为中心，人物众多，神形各异，有主有从，繁而不乱。用色以青绿为基调，配色不多却华丽灿烂。画家对人物的动态和衣服的质感表现得非常细腻真切。

阿弥陀经变画一般没有化生，但很注重表现华丽的宫殿楼阁。如

图 95　西方净土变　莫高窟第 220 窟南壁　初唐

第 329 窟南壁的阿弥陀经变画，绿色的宝池上建有七座华丽的平台，台上楼阁高耸，平台的地面铺满了有花纹的地砖，并有金银装饰。这是表现阿弥陀世界里七宝铺地的景象。阿弥陀佛居中央，结跏趺坐，双手作说法印，神态庄严慈祥。观世音、大势至二菩萨分立两侧，其他听法菩萨或坐或立，有的合掌捧花，有的低头思考。她们头梳云环髻，戴宝冠，斜披天衣，腰束锦裙，璎珞环饰，姿态婀娜。画面的上端，流云飘动，飞天穿行，天乐不鼓自鸣。图下端中部画一组舞乐，舞蹈者面向佛陀，身体呈“S”形弯曲，左手平伸，右手上举，舞姿奔放有力。左右各有三身伎乐，分别演奏着琵琶、箜篌、竖笛。她们的手随着音乐的旋律边舞边奏，动感强烈。宝池中还有人头鸟身的迦陵频伽，仿佛也正随着优美的乐曲载歌载舞。图下部的两侧各绘有一组供养菩萨，其中西侧的四身菩萨动态极为优美:左起第一身菩萨正侧身款款而行，手捧香炉，神态虔诚;第二身菩萨一手持花于胸前，正举步欲行;第三身上半身微侧，似在招呼身后的一位，体态优美，颇有动感;最后一位面向观众，头微侧向身后的佛，好像仍沉浸在佛的教诲中。这组菩萨颜色已变，形象也有些模糊，若仔细观察，仍能感受到唐代人物画的神韵和风采。

净土经变画中最有特色的还有净水池，在池中描绘莲花化生。根据佛经，要进入西方净土世界，须从莲花中化生而出。所以化生就是进入净土世界的象征。唐代的净土变中，净水池的描绘成为一个重要的内容。文献记载，长安的赵景公寺有“范长寿画西方净土变及十六对事。宝池尤妙绝，谛视之，觉水入浮壁”。范长寿画的宝池使人感到好像水在流动一样，可见画家技艺之精。

净土变中通常在净水池上绘出台榭和宫殿楼阁。水上的台榭又画出舞乐的场面，以表现歌舞升平的气象（图 96、图 97）。于是，为了表现天国的美好景象，歌舞的场面也就越来越大，有时甚至占据了画面三分之一的地方。

唐代以后，观无量寿经变画急剧地流行起来。它与无量寿经变和阿弥陀经变的区别在于：除了在中央部分画出与前两者类似的净土世界以外，往往在画面的两侧以条幅的形式画出《观无量寿经》中“序品”和“十六观想”的内容。“序品”即前一章所讲的“未生怨故事”，“十六观”就是佛所讲述的达到佛教境界的十六种修行办法。这“十六观”包括：日想观、水想观、地想观、树想观、八功德水想观、普想观、华座观、真身观、遍观一切色身相、观世音菩萨真实色身相观、大势至菩萨色身相观、观想无量寿佛化身无数、杂想观、上辈生想观、中辈生想观、下辈生想观。对这“十六观”的解释也是《观无量寿经》

图 96　乐舞图　莫高窟第 220 窟南壁　初唐

图 97　乐舞图　莫高窟第 220 窟北壁　盛唐

的主要内容，其中发展了“三辈往生”的思想，形成了“九品往生”的思想，即进入西方净土世界有九种不同的级别，分别为上品上生、上品中生、上品下生、中品上生、中品中生、中品下生、下品上生、下品中生、下品下生。《观无量寿经》讲解了比阿弥陀经和无量寿经更为细致而具体的修行途径，唐代以后更为流行。

第 172 窟是莫高窟盛唐代表窟之一，南北两壁的观无量寿经变画是此窟的主要内容。由于画家的高超技艺，相同的内容在同一洞窟不仅不显得重复，而且丰富多彩，令人目不暇接。这两铺观无量寿经变画都采用三联式构图，即中间大部空间表现西方极乐世界，两边以条幅的形式分别画出“十六观”和“未生怨”的故事（图 98）。北壁的经变画以佛为中心，听法菩萨似众星捧月，围绕成弧形。这些菩萨个个体态优美，面含笑意，有的身体前倾，双手捧香炉供养；有的合掌低头，静思默想；有的抚掌微笑，若有所悟；有的仰首注视，全神贯注；有的正襟危坐，充满敬意；有的抱膝冥想，若探求佛理。这些不同的动感构成了变化而和谐的整体旋律，使这幅经变画宏大而不单调，丰富而不繁乱。在画的下部还描绘了乐舞场面。乐舞是为娱佛的，所以也被称作供养乐伎。北壁经变画中有两组乐伎共十六人演奏乐器，中间有两个舞伎正挥袖起舞，那急速、有力的舞姿使我们感觉到一种强烈而欢快的音乐节奏。南壁与此有所不同，虽然左右两侧也分别有八人的

图 98　观无量寿经变　莫高窟第 172 窟北壁　盛唐

乐队在演奏，但中间两个舞人却是一人挎腰鼓，一个反弹琵琶。从乐队的乐器来看，打击乐和吹奏乐居多。舞伎拍打腰鼓而舞，其节奏感应该是很强的，旋律也一定是雄壮铿锵的。反弹琵琶舞在唐朝壁画中经常出现，大约是当时流行的精彩舞蹈绝技，而今它已成为人们追寻唐代舞蹈风采最耀眼的标志了。这两组乐舞图向我们展示了一千多年前唐代音乐舞蹈辉煌壮观的场景。

第 172 窟这种以中央净土图为主，两侧又辅以条幅的形式，在盛唐以后便成为观无量寿经变画的主要形式。如第 320 窟、第 103 窟、第 148 窟等都有着同样的表现。第 171 窟也是以观无量寿经变画为主题的洞窟，在南、北、东三壁都画出了通壁的观无量寿经变画，同样是三联式的构成。但未生怨故事的表现较为特别，采用格子形式，每个格子画一个情节，连续表现一个完整的故事。如北壁东侧表现未生怨故事共画出了横四格、纵八格的格子，由上而下详尽地表现故事的具体情节。此画是唐代连环故事画代表之一，在中国绘画史上有着独特的地位。

药师经变

药师经变画也称东方药师净土变，同属于净土经变，是根据《药师如来本愿经》等经典绘成，也是敦煌壁画中十分常见的经变画。佛教认为药师佛能治病救人，凡"无救、无归、无医、无药、无亲、无家"之人，只要供养药师佛，就可以得救。药师佛便成了深受苦难的百姓心目中的救星。于是，药师崇拜也就盛行起来。药师经还渲染了人世间的很多种意想不到的灾难，称作"九横死"。横死指死于非命，如生病求医而得到并不对症的药而误死，受冤枉被王法处死，酒色无度而死，火灾而死，水灾而死，被猛兽咬死，坠落山崖而死，因毒药等致死，饥饿而死等等。在壁画中还绘出了药师佛曾发下的"十二大愿"，主要内容就是药师佛未成佛之前发愿，如果成佛将如何拯救百姓于水火之中等事。

在敦煌石窟中现存有九十七铺药师经变画。唐代洞窟中往往把西方净土变与药师经变相对画出。如初唐第220窟南壁画无量寿经变，北壁就画药师经变。这样，西方阿弥陀佛（即无量寿佛）、东方药师佛就与正龛的释迦牟尼佛组成了“横三世佛”。

大多数药师经变画的构图与观无量寿经变画一致，中央画净土世界，两侧以条幅的形式画出“九横死”“十二大愿”等内容。如盛唐第148窟东壁门北侧巨幅药师经变画，中央表现东方药师净土世界，与西方净土变同样通过华丽无比的楼阁来象征庄严的净土世界（图99）。与这些高楼相接的是建于净水池中的平台，在这些平台上都有歌舞作乐的伎乐天。她们弹奏着各种乐器，虽然表现的是天乐，却展示了宏大的唐代音乐文化。这铺经变画的乐舞人数达三十三人，中央二人对

图99　药师经变　莫高窟第148窟　盛唐

舞，两侧各有两组乐队，演奏箜篌、琵琶、横笛、拍板等乐器。这样庞大的乐队，可以称得上是最早的交响乐队了。从这些乐队的规模及乐器配置等方面，可以看出唐代中国音乐的发达状况。而净土世界中复杂的殿宇、楼阁则展示了唐代建筑的完美结构。中央大殿前面是大平台，这一平台前面延伸出来，通过一座小桥又与画面最前部的一组平台相连。这一组平台为三联式，中央为“凹”字形平台，两侧各有一方形平台，平台之间各有虹桥相连。中央大殿的后面有长廊，通向两旁的侧殿。而长廊后面可见两层殿宇，其两侧也各有两层楼阁，在左右两个角建有圆形亭。这些复杂的建筑令人想起唐代宫殿建筑的雄伟气象，反映了中国古代建筑艺术的辉煌成就。

中晚唐以后，药师经变画在敦煌更为流行。在社会动荡不安的时代，人们希望得到药师的保佑，避免那些意想不到的灾难。晚唐、五代以后，药师经变画的构图形式有一点改变，就是往往把画于两侧的“九横死”“十二大愿”的内容画在下部的屏风式画面中，而中心的东方净土世界图则没有大的变化。

法华经变

《法华经》是《妙法莲华经》的简称，是佛教传入中国后最流行的经典之一，南北朝时期有多种译本，其中鸠摩罗什翻译的《妙法莲华经》最受欢迎，敦煌壁画中也大多依据《妙法莲华经》绘制经变画。《法华经》强调大乘是佛教的唯一法门，强调众生通过自己的觉悟而获得佛性，并指出了许多方便法门，任何人只要护持、诵读、书写《法华经》就可能成佛。《法华经》中还塑造了一个大慈大悲、救苦救难的观世音菩萨的形象，人们在危难之时，只要口念观世音菩萨名号，即可得救。于是，长期以来观世音菩萨在中国深入人心，可以说是家喻户晓，《法华经》也因此得到最广泛的传播。

敦煌北魏石窟中就已出现了《法华经》的内容。如第 259 窟中龛内就塑出释迦、多宝二佛并坐的形象。同样的形象，在西魏第 285 窟北壁、北周 428 窟西壁也以壁画的形式表现出来。经典中记载，佛在为弟子们宣讲《法华经》之时，突然从地下冒出一座宝塔，弟子们十分不解。佛告诉大家，在若干年前有一位叫多宝的佛曾预言：我灭度以后，于十方国土中有说《法华经》处，我将涌现其前作证明。此塔当是多宝荅。佛正说着，宝塔便开了，里面的多宝佛让出一座，请释迦入内，于是二佛并坐为大众说法。

隋代以后，壁画中描绘了很多《法华经》中的内容。如第420窟的顶部描绘出了《法华经》的《序品》《方便品》《见宝塔品》《化城喻品》和《观世音菩萨普门品》等内容，是法华经变的早期形式。隋代第303窟顶部还单独描绘了《观世音菩萨普门品》的内容。到了唐代，法华经变画的艺术形式才臻于完善，其代表性的作品是绘于盛唐第217窟南壁的法华经变画。

第217窟是一个方形覆斗顶窟，正面开一大龛，北壁绘观无量寿经变画，南壁绘法华经变画。两铺经变画都是唐代经变画的代表作品。法华经变画中央绘佛于灵鹫山说法的情景，这里表现《序品》中灵鹫会的盛大场面：释迦牟尼于中央说法，周围众菩萨围绕。在佛的上部有一座上部宽下部窄的山峰，这就是灵鹫山。山上有诸多宫殿楼阁，表现的是释迦牟尼的白毫照耀东方万八千世界中的色究竟天，即佛教所说的十八重天上的最上一层天。

画面的左右及下部，分别绘制《法华经》诸品的内容，呈"凹"字形环抱着中央的画面。这一区域并没有按一定的顺序来表现各品，而是根据画面的构图安排，利用山水、树木把全画联系起来，使经变画整体成为一幅规模宏大的山水人物画。特别引人注目的是画面右侧表现《法华经·化城喻品》的内容，画出了一幅完整的青绿山水图（此图将在下一章详细介绍）。

在左侧的画面中，表现了《方便品》《如来神力品》《妙庄严王本事品》等内容。其中有表现《方便品》中拜塔斋僧的画面:中央空地上有一座宝塔，一些人正在塔前礼拜;塔后面是一座寺院的走廊，廊下并列坐着四位僧人，廊前空地上还有三位俗人正陪着僧人们吃斋;右侧的院子里走出僮仆、婢女，分别提壶、托盘正忙着给僧人们送饮食。这些生动的画面，正是唐代寺院生活的真实写照。

在经变画下部中央表现《药王菩萨本事品》中“如子得母、如病得医”的内容:在一座柳树成荫的庭院里，一位妇人正坐在正房内华丽的床上，另一位妇女怀抱婴儿相对而坐;在屋外的院子里，一位瘦骨嶙峋的医生拄杖而来，身后一侍女捧着药箱，小心翼翼地跟随;前有一少女引路，面带忧愁，一副弱不禁风的样子。《法华经》中说，信奉《法华经》可以得到十二种快乐，“如子得母、如病得医”就是其中两种快乐。画家描绘出了当时社会生活的一个真实的场景，使我们能够从中看到一千多年前普通人的生活景象，其价值远远超过了本来的宗教意义。

在法华经变画流行的盛唐时代，还出现了全窟绘制法华经变画的第23窟，有人把这个洞窟称作法华窟。本窟西壁开龛，除了顶部北披和西披以外，南、北、东三壁及顶南披和东披画的都是法华经变的内容，详尽地描绘了《法华经》中的《药草喻品》《方便品》《信解品》《见宝塔品》(图100)等13项内容。特别是北壁中央主要绘“灵鹫会”，南壁中央绘“虚空会”，以这样的空间形式来图解《法华经》的义理，表明了洞窟壁画的画师有着完整的设计思想。另外，不少细节描绘也十分生动有趣，如北壁的《药草喻品》，描绘了一幅雨中耕作的图景。画面上部乌云密布，暴雨倾盆，一位农夫正冒雨辛勤地耕作，另一位农夫挑着东西冒雨疾行。画面下部，表现在地头休息的农家三

图 100　法华经见宝塔品　莫高窟第 23 窟顶南披　盛唐

人，右侧是父子俩正吃饭，给他们送来午饭的农妇坐在左侧和父子俩聊天。多么恬静的一幅田园生活场景（图 101）！

《法华经·观世音菩萨普门品》往往被信徒们单独诵读，简称《观音经》。隋代的壁画中已出现了观音经变画，唐代第 23 窟和 217 窟在表现法华经变时，又以单独的壁面来描绘《观世音普门品》的内容。第 45 窟南壁则整壁绘制了观音经变画，中央画观世音菩萨立像，两侧上部画观世音菩萨现身说法，下部画观世音救苦救难的情节。观世音信仰主要是由于观世音能在人们受难之时前来救助。经中说，若在大海中航行之时遇到大风浪，且有各种魔怪缠绕时，只要口念观世音名号就可得到解脱。依据这一内容，在壁画的右侧画出大海中有一条大帆船，船周围的水中有很多凶猛的怪物向船攻击，船上的人们心惊胆战，

图 101　雨中耕作　莫高窟第 23 窟北壁　盛唐

有两人跪在船上，大家都双手合十。这一画面虽是图解经文，但也反映了当时海上航行的某些历史场面（图 102）。在壁画的右侧还描绘了一群商人牵着毛驴，带着很多行李在山中行进，突然从山后窜出几个手执武器的强盗，商人们诚惶诚恐，战战兢兢，前面的商人已把行李放在地上。这是表现《观音经》所说若有商人遇到强盗，性命财产不保之时，只要口念观世音菩萨名号，自然得到解脱。画中强盗的骄横凶狠、商人们害怕求饶的表情描绘得栩栩如生。在壁画上部，还画出一个窈窕美丽的少女，旁边有一男士正拱手向她说话。这是表现经中所说的“离淫欲”的内容。佛经中说，若有人被淫欲困扰，不能解脱，只要口念观世音菩萨名号，即得解脱。画面的上部表现观音现身说法，

图 102　观音救难　莫高窟第 45 窟南壁　盛唐

有时现天王身，有时现大将军身，有时现女人身等等，根据情况以不同的身相为人们说法。画家以写实的手法，表现了观音的种种现身，再现了唐代不同身份的人物的形象，反映了当时社会的生活风貌。

报恩经变及其他经变画

敦煌壁画中的经变画总计有三十多种，包括了依据大乘佛经及密教经典所绘的经变画。现存的遗迹中，像敦煌壁画这样数量庞大、艺术精湛的经变画是任何地方都无法比拟的，可以说是经变画的宝库。以上几种是其中最流行的经变画，也是在艺术上较有特色的经变画，还有很多其他经变画，大大丰富了佛教艺术的内容。由于经变画表现的领域很广，从不同的方面反映了当时的社会生活，为我们提供了生动的历史画面，其意义远远超出了佛教思想的范畴。

报恩经变画是依据《大方便佛报恩经》而绘的。这部佛经不是从印度传来的，而是中国的僧人为适应中国的国情编造的佛经，在佛教界把这样的经典称作“伪经”。它调和了儒、释两家的思想，宣扬报恩精神，即所谓“上报佛恩、中报君亲恩、下报众生恩”。其中又以中报君亲恩为重点。这样的思想与儒家的忠孝思想完全一致。《报恩经》中的故事大多从别的佛经中选取符合报恩思想的内容改编而成。由于《报恩经》主要通过很多故事来说理，易为大众所接受，因此在唐代以后，

《报恩经》十分流行。据经典所绘的报恩经变画也自然流行了起来。盛唐以后，莫高窟壁画中出现了报恩经变画，到晚唐五代更为盛行。

报恩经变画中的很多故事，其实在北朝时期就已出现了，但同样的故事却是依据别的经典所绘，如“恶友品”就是北朝的善事太子入海故事，“孝养品”即须阇提割肉奉亲故事，等等。此外还有一些新出现的故事，如“论议品”，讲波罗奈国山上住着一仙人，仙人常于泉边便溺，一雌鹿常于泉边饮水，不久鹿产一女，与人无异，不能养育，便送至仙人处，仙人将女养大，美丽无比。一日国王入山游猎，见鹿女美貌，便娶为夫人。不久鹿女怀孕，生下一朵大大的莲花。国王十分失望，贬夫人为普通宫女，将莲花抛入池中。一日国王与群臣在池边游戏，忽见池中莲花发出灿烂的光芒，便派人察看，原来莲花中有五百儿。国王知为鹿母所生，便向鹿母悔过，重新封为第一夫人。五百个儿子长大后，力敌千人。邻国有侵略者，自往讨伐，每战必胜。从此四境安宁，国家昌盛（图 103）。

“亲近品”讲的是金毛狮子坚誓的故事。波罗奈国仙圣山中有一狮子名叫坚誓，毛呈金色，英姿威武。它经常接近沙门，听僧人们诵讲佛经。有一猎人对金毛狮子早已垂涎三尺，他想射死狮子，把皮毛献给国王以获重赏。可是又害怕狮子勇猛，难以下手。于是，他伪装成一个虔诚的信徒吸引狮子亲近，最后用毒箭射死了狮子。狮子深受佛教熏陶，中箭未死之时，并不对猎师进行报复。猎师剥了狮子的皮献给国王。当国王得知狮子皮的来历后十分痛心，即处死猎师，用香火焚化了狮子的遗骸，收取舍利，建塔供养（图 104）。

在中唐第 231 窟中详细描绘了鹿母夫人的故事，这个故事成为各

图 103　鹿母夫人的故事　莫高窟第 85 窟　晚唐

时代报恩经变中较多选绘的题材。在中唐第 112 窟的报恩经变画中，上部两侧画出鹿母夫人的故事，左侧画一鹿在池边喝水，后面是幽静的山谷，山洞里有一仙人正在坐禅修行。右侧的画面表现国王领着随从骑马入山的情景（图 105）。画的背景是奇崛的山崖，体现出中唐以后水墨山水画的风格。壁画的下部描绘“亲近品”，即金毛狮子坚誓的故事。一比丘正在讲经，很多人围在一起听经；左侧一猎人向金毛狮子射箭，右侧猎人向国王献狮皮。

晚唐第 85 窟的报恩经变画是内容较丰富，描绘较成功的代表作

图 104　金毛狮子坚誓的故事　莫高窟第 85 窟　晚唐

品。中央表现佛说法会，上部右侧画鹿母夫人的故事，左侧画金毛狮子坚誓的故事。下部左侧画“恶友品”（善事太子入海的故事），右侧画“孝养品”。以山水自然景物为背景来展开故事情节，具有画面统一而又真实可感的特点。如表现善事太子入海求珠的过程，包括善事太子的眼睛被刺瞎、在树下弹琴自娱、与公主邂逅相遇等场面，描绘得细腻而生动，展示了画家高超的艺术水平。

除了报恩经变画外，壁画中还有金光明经变、华严经变、金刚经变、楞伽经变等经变画。由于佛经内容较为抽象，壁画中以表现佛说

图 105　报恩经变　莫高窟第 112 窟北壁　中唐

图 106　屠夫　莫高窟第 85 窟窟顶东披　晚唐

法的场面为主。其中穿插一些图解佛经的情节，也颇有生活气息。如楞伽经变画中画出了屠夫卖肉的场面（图 106）、工人制作陶器的场面等，使我们对古代社会增加了许多感性认识。

经变画的艺术成就

唐代以后，中国绘画在空间处理方面取得了令人瞩目的成果，在平面的画面中描绘出接近于三度空间的景色。这一点体现在唐代流行的经变画中。当然这样的空间表现方法还不能算是科学的透视法，但在公元 7 世纪至 8 世纪能表现出较为真实的空间关系来，在当时也是令人吃惊的事情。因而，经变画深受人们喜爱并在各地流行起来。据《历代名画记》等文献记载，当时首都长安以及东都洛阳的寺院里，绘制了大量的经变画。经变画是隋唐以来中国石窟及寺院壁画的主要绘画形式，是最富有中国特色的佛教艺术形式。

建筑画是经变画中的重要组成部分，尤其是在净土图式的经变画中，如果没有建筑恐怕也就没法表现净土世界了。隋代画家展子虔和杨契丹都以建筑画而著名，而当时的宫殿建筑实物也给画家们提供了写生的对象。《历代名画记》曾记载画家杨契丹长于画建筑，郑法士想要借他的画本（底稿），“杨引郑至朝堂，指宫阙、衣冠、车马曰：此是吾画本也。由是郑深叹服”。说明那时的画家是以现实的宫殿建筑为依据来画的。经过这些画家们的努力，使隋唐时代的建筑画达到了极高的水平。特别是唐代以后的建筑画，在表现远近的空间关系方面取得了很大的成就。

这些建筑都是中轴对称的形式，中央描绘一座大殿，两侧又有数幢殿堂，建筑物之间以回廊相通，通常在画面下部还要绘出平台。当然，画里表现的建筑群也并不是唐代建筑的完整再现，可能仅仅是那时佛寺的大殿及相关的建筑。画家们主要是通过这些建筑来作为佛说法的背景，并象征佛教净土世界。因此，也许并不全是写实的，也会有想象的部分。相对于描绘真实的建筑，画家常常会从绘画构成的角度来表现建筑的形体及其位置。但从隋入唐，建筑画逐渐向三度空间发展则是一个大致的倾向。

画家们还采用山水与建筑相配合来表现空间关系。如有的阿弥陀经变画和观无量寿经变画中，在建筑物周围描绘一定的山水树木，把建筑物没有完成的一些空间补充了出来。如第 172 窟北壁的观无量寿经变画，在建筑物后面画出一些远景山水，给人以无限远之感。这样的方法改变了初唐那种舞台式背景的不足，使画面的空间表现更加完满。中唐以后综合处理山水与建筑的经变画较多，通常建筑物作为近景，山水作为远景，把远近空间有机地联系起来。如中唐第 231 窟北壁的弥勒经变画，第 112 窟南壁的金刚经变画，晚唐第 85 窟南壁的报恩经变画等等。

印度、中亚的佛教美术虽然也表现背景，但主要以人物为主，尤其是雕刻作品中几乎看不出对空间的表现。敦煌的经变画从隋朝开始出现，唐代兴盛起来，而且在空间表现方面形成了人物群像、建筑、山水等综合表现的方法。净土图式经变画中建筑艺术在这个时期达到极盛。盛唐以后，山水画的成分在经变画中不断增加，以山水画为主要背景的经变画也越来越多。建筑画和山水画的成熟使唐代的经变画构成臻于完善。而经变画的意义不止于此，它表现出一个完美、丰富的净土世界，使佛教的理想境界变得十分具体可感。经变画表现的是佛国之境，然而，这些建筑、山水则是人间的风景，它反映了中国人对风景审美的需要。而这种审美风气又促使画家对空间的探索，从而形成了中国画空间处理的一些规律和特色，也形成了有别于印度和西域的中国式佛教绘画艺术。

XIEGEI
QINGSHAONIAN
DE
DUNHUANG
GUSHI

写给青少年的
敦煌故事

青山绿水看唐风

在敦煌石窟壁画中，除了有丰富的佛像画、经变画、故事画及装饰图案以外，还保存有绚丽多姿的山水画。这些数量可观的山水画，展示出一部公元 4 世纪至 14 世纪系统的中国山水画史。从中不仅可以观赏到古代的山水画实例，还可以探寻北朝至元代一千年间石窟壁画中山水画发展演变的过程。

敦煌石窟是作为佛教信徒修持和礼拜场所开凿的，因此，壁画都是与佛教相关的内容，山水图像主要是作为装饰和人物活动的背景出现的。尽管如此，敦煌壁画中的山水画数量之多、描绘之精、时代延续之久在古代艺术中也是绝无仅有的。而在印度和西域壁画中，虽也画出一些植物和简单的象征性风景，但绝没有像敦煌壁画这样大量的山水画，表明了中国传统山水审美意识对佛教壁画的强烈影响。

隋唐时代的山水画色彩丰富，称为青绿山水。到唐末、五代以后，水墨山水画逐渐成了山水画的主流。北宋以后，画论中出现了“着色山水”这个词，说明那时大多数山水画是不用色的。如果用了色，就得专门强调是着色的，而宋人仿唐所谓的“青绿山水”也与唐人的绘画有一定的距离。特别是水墨山水画兴起以后，唐代流行的那种青绿山水就渐渐受到冷落。在唐代画家们的作品基本上失传了的今天，人们对唐代山水画的认识就显得十分不足。而敦煌壁画中现存大量的山水画正是解开中国宋代以前山水画史之谜的一把钥匙。

北朝至隋代的山水画

北魏洞窟基本上都是中心塔柱窟，多在四壁下部画金刚力士，金刚力士的脚下画出一列起伏的山峦，通常用土红、石绿等色以粗线条画出轮廓，或全部平涂。这样的山形一直延续到隋朝。此外，在说法图中，还画出象征着佛所居的灵鹫山，如第 254 窟西壁的白衣佛等画面。在第 254 窟南壁和第 263 窟的降魔变中还可见到魔军手托山峦的形象。这一类山峦的样式和画法，与汉代画像石、画像砖中的山峦非常接近。

在佛经中有许多关于须弥山的记载。佛经上说，一个大千世界包括 1000 个中千世界，一个中千世界包括 1000 个小千世界，而每个世界上都存在着“九山八海”，其中心就是须弥山。须弥山上有忉利天宫，金刚力士就镇守在须弥山四周。壁画中画出了金刚力士，在他们的脚下就是象征着须弥山的山峦了。

北魏时期的壁画，在第 254 窟、第 251 窟、第 248 窟等窟中山岳出现较多。山峦的画法几乎都是近似三角形的形式，一面平滑，一面还有两三道波形线，山头与山头相连或叠压，并分别以红、黑、白、绿、蓝等色染出，色彩在这里仅仅起装饰作用。由于它的形状像连续的驼峰，有的学者把这样的山峦称作“驼峰式”山峦。

第257窟是北魏时期的代表洞窟。西壁画有著名的《九色鹿本生》故事画，表现九色鹿从河里把溺人救出等情节，描绘出山峦和河流。在长卷式画面的下部是长长的一列山峦。画面的左侧因烟熏而模糊，但仍能看出一条河自左上部流向右下侧，河水用线描出波纹，并以青绿色晕染。河中的九色鹿背负溺人向岸边走去，沿河两岸各画出一列斜向排列的山峦，画面的中部也画出几列这样斜向的山峦。山峦与河流的作用相同，表现出画面纵深的空间感。另外，这些山峦还有一个作用就是在横长的画面中分隔出一个个场面，用于表现故事发展的一个个情节。这是北朝故事画构图的基本形式。

北魏末至西魏，中原的山水画新风也传入了敦煌。第249窟、第285窟的壁画就体现出了中原传来的新风格。西魏第249窟窟顶四披除了画出阿修罗外，还画出了中国传统的神——东王公、西王母的形象。阿修罗王的身后是高大的须弥山。须弥山的形状很独特，上部较大，下部较小。在须弥山上有一些宫殿，那就是帝释天所居的忉利天宫。须弥山下有大海，阿修罗王双脚站在大海中，但大海还没有淹过他的膝盖。这些充满神话色彩的内容，使山水画也增添了几分神奇。在本窟覆斗顶四披下部描绘出连绵不断的山峦，比起北魏时期的故事画来，这里的空间更大，山水树木得到更为自由的表现。对山头的晕染则往往通过同类颜色的深浅变化来表现山峦的层次。这种深浅相递变化更富有装饰性。窟顶北披画出一群活动于山中的野猪，野猪的上

图 107　狩猎图与山水　莫高窟第 249 窟窟顶北披　西魏

部又画出三座山峰，与下部的山峰相对，表现出一定的远近关系。在西侧的狩猎场面中也有类似的表现（图 107）。

第 285 窟窟顶画出伏羲、女娲等中国传统的神话人物，其中山水的布局与第 249 窟十分接近，也是在窟顶四披的下沿画出山水树木。在这里主要为表现在山中修行的禅僧，僧人们在草庵里坐禅。草庵外是起伏的山峦和树林，山中还有走兽出没。树木茂密，树叶连成一片，像一顶顶帽子罩在山峦上部的丛林上，具有浓厚的装饰意味。

第 285 窟南壁的《五百强盗成佛图》，描绘出五百强盗在山林中的活动及听佛说法的情节。随着故事情节的发展，用斜向排列的山峦分隔出一个个空间，表现各个场次，具有连环画的效果。同时斜向的山峦表现出了一定的深度。这里值得注意的是树木大量出现了，摇曳多姿的杨柳、亭亭玉立的竹林，以及很多不知名的树木，使山水景物变得丰富多彩。此外，画家还在山峦和树林的旁边画出水池，池中碧波荡漾，水鸟嬉戏其间，别有情趣（图 108）。

图 108　山水　莫高窟第 285 窟南壁　西魏

北周以后，横卷式故事画高度发达，作为故事画背景的山水也得以大量表现。如第 428 窟的《萨埵本生》和《须达那本生》便是代表作。这两铺故事画都是以三道横长的画面相连续，详细地表现故事情

节。作为背景画出了连绵不断的山水和树木。山峦的画法是一个个山头斜向连续，在横长的画面中形成波浪式的起伏，同时把画面分隔成一个个小小的单元，按时间顺序条理清晰地把故事描绘出来。山头用石青、土红等色平涂，看起来是为了表现一种装饰性。另外，这些错落起伏的山峦从画面整体来看，还表现出一种韵律和节奏的美，使横长的画面显得活跃而充满生气。树木穿插于山峦之中，表现各种不同的样式，如婆娑摇摆的柳树、挺拔的杨树、枝繁叶茂的槐树等。特别是东壁南侧的《萨埵本生》故事画，描绘萨埵太子的两个哥哥得知太子已舍身饲虎的消息后，快马加鞭地赶回宫中向父王报告，背景中的树木也随着两人骑马奔跑而向前倒，表现树木随风摇曳，十分生动逼真（图 109）。

第 299 窟窟顶北披的《睒子本生》，描绘了睒子在山中侍奉父母，却不幸被进山打猎的国王误射而死，由于睒子的善行感动了帝释天，终于被天人救活。这幅画主要表现睒子在泉边取水被国王误射的场景：茂密的树林中一条小溪流过，睒子在溪边取水，画面左侧国王及侍从骑马奔驰而来。一边是幽静而安详的山林，一边是奔驰而来的人马，这一动一静的对比，烘托出富有戏剧性的气氛，完美地表现出这个动人的故事。色彩浓丽的山水画则作为故事画的舞台背景，显示出十分重要的作用。

隋朝壁画中故事画大量出现，内容空前丰富，表现手法细腻而精致。在长卷式故事画中，山水景物也大量出现。虽然这是北魏以来就流行的形式，但隋代壁画中山水树木刻画之精细与繁富却是前代所无法比拟的。如第 419 窟、第 420 窟、第 423 窟、第 303 窟等窟中的山

图 109　太子回宫　莫高窟第 428 窟东壁　北周

水树木都是较有代表性的。隋代画家展子虔等都擅长画宫殿楼阁，在敦煌壁画中也可看到隋代的建筑画。故事画、经变画中的建筑物画得很多，反映了中原新画风对敦煌壁画的影响。隋末第 276 窟的壁画还出现了表现岩石的新技法，这对唐代绘画的发展产生了深远的影响。

隋代故事画继承北周的传统，依然用山水树木作背景。但山水树木在画面中所占有的比重越来越大，人物相对来说画得较小。开凿于开皇四年（584 年）的第 302 窟，在人字披顶上画出了横卷式故事画《萨埵本生》和《福田经变》，作为故事的背景，以赭色的山峦、绿色的树木分布在素面的墙上，显得质朴而简单。这一时期不像北朝故事画那样把人物形象挤满画面，而是留出了一定的空白，画面上部还有天空中飞翔的小鸟。这些富于想象力的表现，使画面产生了一定的空间感。

隋代第 303 窟在四壁及中心柱的下沿横卷式画面中，稀稀落落地分布着山峦和树木，树林中还画出鹿、羊等动物，或在觅食，或在奔跑，表现出山林自然的气息。树林的表现也很有趣味，有的整齐排列，有的则枝干弯曲，呈现出如舞蹈般的动态。树叶大都具有装饰性。驼

图 110　山水　莫高窟第 303 窟南壁　隋

峰式的山头也体现出不同的形态。山峦的用色简单而和谐，除了赭红色以外，就是黑色、白色。山峦上由深到浅的着色方法，似乎类似于后来的“皴法”的特点。北魏以来，在洞窟中的这一位置通常是画金刚力士的，山水是金刚力士的背景。而在这个洞窟，第一次描绘出没有佛教内容的山水（图 110）。看起来最初是由于佛教的需要而画出山水作为背景，在这里则已经把本来固有的佛教内容抛开，成为纯粹的山

水画了。尽管山峦形象及色彩的表现依然是汉画的古老传统，但这个洞窟的山水画却标志着山水画的审美意识已超越了佛教主题。

第 419 窟在窟顶人字披两侧绘出须达那太子本生和萨埵太子本生故事画，第 420 窟在窟顶绘出法华经变画。这两窟的画法非常相似。在山岳的表现上，比起北周以前那种光秃秃的山头来，隋代壁画中的山峦层次比较丰富。如第 419 窟的萨埵本生故事画中，在山峦的上部往往画出一层绿色的植物，就像一顶帽子一样，在其中画出细密的线条，如草，如苔。山峦重叠时，层次就变得非常丰富（图 111）。这一手法也影响了唐代壁画中的山水表现，如盛唐第 217 窟中的山头。这两窟的山峦都用石绿、石青、赭石等多种颜色混合染出。由于时代久

图 111　山水　莫高窟第 419 窟窟顶　隋

元，壁画大多已经变黑，但当初一定是十分绚丽灿烂的。

第 420 窟窟顶西披，表现法华经变中群鸟听法的场面。佛坐在高台上说法，前面有很多鸟伸长脖子聆听佛法，山丘后画有水池，水池中也有很多水鸟面佛静听。佛的身后是长长垂下的柳树，环境优美，衬托出佛法的庄严。

在同窟窟顶东披还画出观音救难的场面：右侧一条河流由远而近流下，河中有人遇难，河边画出慈祥的观音菩萨向河里伸手，正在搭救溺水者。曲折的河流上部细下部宽，体现出远近的空间距离。左侧是大海中有人遇难的情景，左边画出数人乘小船航行于大海，遇大风浪的危急状况。右边也画出数人乘船航行于大海，一只张着大口的怪兽正朝小船虎视眈眈，表现在大海中遇到各种怪兽的情景（图 112）。佛经上说若遇到这样的灾难时，只要口念观音便可以消灾免难。当时的画家还未掌握描绘大海的技法，画出的大海仍像水池一样，在大海中还画出莲花。左边以图案化的处理方法描绘海浪，令人想起彩陶纹饰中的波浪纹。

隋代壁画的另一大特色是房屋建筑大量进入了故事画的背景中。从佛经故事的内容画看，除了在野外山林中的故事，还有很多情节是发生在宫殿、房屋内的。在早期壁画中也有少量的建筑出现。到了隋代，房屋建筑已成为背景的重要内容，表明壁画表现出写实化的倾向。同时，建筑物在构图中起着重要的作用。在第 420 窟《法华经变》中，由于房屋的作用突破了横卷式构图的约束，由建筑物的转折而形成了蛇形线，把画面分成一个个单元，构成一种独特的空间。山水风景中，山峦通常都是圆弧的形状，而建筑则往往是直线和角形，山峦与建筑

图 112　观音救海难　莫高窟第 420 窟　隋

相结合，直线与弧线相接合，使画面刚柔相济，丰富多彩。建筑物的增多也使画家更注重人物与景物的比例关系。隋代绘画在比例方面比起北朝的故事画有了很大的进步。

在第 423 窟人字披顶的《须达那本生》故事中，通过连续起伏的山峦，形成波浪状的曲线，组合成一个个单元，在这些圆形的画面中，展开一个个故事情节。从画面构成来说，打破了北朝以来那种横长画面整齐但却单一的格局。这样极其自然地表现山峦，也使中国画山水的表现走向一个新的阶段。

隋末第 276 窟在南北两壁与西壁交接处附近分别画出奇崛的山峰。如北壁西侧菩萨的旁边，最下部是一个山坡（图 113）。上部画出坚硬

图 113　菩萨与山水　莫高窟第 276 窟北壁西侧　隋

的岩石，顶部岩石向右翘出，显得很险峻。岩石用赭红线条勾勒，在有的部分染出石青和赭红色，表现出岩石的阴阳向背。在岩石上还画出一些树木。岩石与树木、人的比例还不太协调，但这与传统的山岩画法已完全不同，不再停留在对山峦的概括而笼统的描绘上，而是把山岩作为近景来刻画，强调岩石细部的质感。此后，敦煌壁画中的山峦表现开始注重近景与远景的区别，空间关系的表现进入了一个新阶段。在第 276 窟南北两壁的说法图中，还可以看出树木的具体刻画。北壁的菩萨身后的松树体现出挺拔直立的特点，西壁的树木表现出梧桐枝繁叶茂的特征，每一张树叶都用线描具体地勾出轮廓；南壁的树类似槐树，树叶采用“介”字点法。在每一棵树粗壮的树干上，都仔细地画出了树的纹理。

雍容华美之风——唐代前期壁画中的山水

唐前期，唐王朝积极开拓西域，敦煌成为控制西域政治军事的要地。随着中国与西域诸国的频繁交往，处于丝路要冲的敦煌已成为一个佛教文化的中心，长安、洛阳的艺术风格很快就能传到敦煌，敦煌壁画的发展差不多与中原完全同步。文献中记载的长安、洛阳一带佛教寺院壁画的经变画等内容，绝大多数都能在敦煌壁画中找到，说明当时敦煌壁画艺术与中原寺院壁画艺术密切相关。在当时如吴道子、朱审、韦偃等画家曾经在寺院壁画中画出了独立的山水画。敦煌虽然没有出现完全独立的山水画，但如第 217 窟、第 103 窟、第 148 窟等窟的壁画中的山水画已具有相对独立的意义了。

初唐第 209 窟南壁西侧、西壁和北壁西侧的故事画，都采用纵向布局的形式，作为故事画背景的山水景物画得很大。南壁西侧，右边一重山占了将近四分之一的画面；左边主要画了三重山，其间以曲折排列的树木相连，近处是大河前横。两组说法图分置于山与山之间，远处画了三座小山表示远景，云霞飘动，意境深远。树的形式，主要作为装饰，沿山的轮廓线画出，远处高大，近处矮小，甚至有的如小草一般。大约是画家为了突出人物，又要考虑山、树的装饰作用，使得画树不按比例。这种山和树的装饰性，仍然承袭了早期山水画的特点，但已注意到了山水景物的空间层次感。色彩上改变了早期那种青绿相递叠染的方法，而用大面积的绿色染出，又以赭色相间，以表现层次。第 209 窟西壁佛光两侧，还保存赭红色线条勾出的山石轮廓。对照隋代第 276 窟的山水画，可以看出它们的一致性。大面积的青绿染色，烘染出草木朦胧的效果，使山水画的意境更加完整。

第 323 窟南北壁中部均画佛教史迹画，但画家没有像以前的故事画那样按故事发展的顺序来构图，而是以山水统摄全图。在山水画分隔出的空间里，描绘出一个个故事场面，山水画成了壁画构图中首先考虑的问题了。南壁共有三组故事画，画家用两组山脉把壁面分成三段。左侧的山脉呈“之”字形，左下部又有一组小山相呼应。右边一组山脉大体呈“C”字形，环抱故事画，壁画最右侧上部又有一组山崖与之相照应。在两组山脉之间，还有一组山峰耸立，把两组山脉联系起来，这样，两组山脉在横长的画面中形成了稳定的结构，主宰着全壁，使山水连成一气，绵延壮阔。远景的山水则通过曲折的流水相连，由近景到远景，层次丰富而境界辽阔。

本窟山水画中最引人注目的是远景的画法。如北壁《张骞出使西域图》，近处描绘张骞辞别汉武帝的场面，人物画得很大。在左侧的山峦中，画出张骞与随从人员渐渐远去的身影，人物越远越小，人与山水比例协调，表现出自然的空间透视感。南壁的《石佛浮江》，描绘的是西晋时期，吴淞江中有石佛浮于江面，风浪大作，当地百姓乘舟接石佛供奉于寺院，随即风平浪静。画面中表现了三组人物。上部的远景中画出一些人看着闪闪的佛光，指指点点，这一组人物画得最小，只能看出大体形象，看不清面目。中部的一群人在江边遥礼石佛，这一组人物比起远景中的人物来，要大一点。靠下部的近景中，人们迎接石佛的到来，人物画得较大，较具体。这样由远及近，通过汇水相连，表现出远近空间的关系，山、水、人物的比例都十分协调。由于山水的远近关系趋向合理，大大增强了画面的写实性，同时也使全壁的山水画具有完整性。

看起来对远山的表现是画家的得意之笔，特别是远景中画出帆船，颇有意境。本窟北壁“康僧会的故事”上部表现康僧会从海上来的情节，画出大海中一叶扁舟，隐约可见舟中数人（图 114）。南壁的故事画中，上部远景中几处画出了小舟，与山水相映成趣，表现了烟雨迷

图 114　远山与小舟　莫高窟第 323 窟北壁　初唐

蒙的江湖景色。尽管线色脱落，但是仍可看出近处的波浪和远处的河流，特别是远景的点点帆影，颇有“孤帆远影碧空尽”的意境。由于变色比较严重，山水及人物的轮廓线都看不清了，远山的颜色都变成了黑色，因此有人误认为本窟的壁画是“没骨画”，或者甚至认为是水墨画。这是不了解敦煌壁画变色的情况而产生的误解。当时的壁画中都染出了绚丽的色彩，而且，按照唐人绘画的习惯，都是采用线描施彩的方法，并不存在没骨画。

值得注意的是第 323 窟还有几处表现云的场面。本来在早期的壁画中就已出现很多云，但大多是描绘佛、菩萨及天人等乘云来去的场面。那样的云是佛、菩萨、天人等的乘骑，带有很强的想象性，并不是自然风景中的云。在第 323 窟北壁中描绘了佛图澄举杯洒酒化为雨，扑灭幽州城大火的神异故事。画面中高僧佛图澄举杯向上，一朵乌云向上升去，上部画出山峦的后面有一座城，城楼中火焰冲天，上面的乌云化为大雨，倾盆而下。同窟南壁西侧，在远景中描绘出一朵云霞，由于变色，我们无法得知当时是什么色彩，但远山中的一片云霞，的确是很美的。南壁东侧，表现隋代昙延法师祈雨的故事。城内昙延法师坐于高台之上，正作法求雨，上部的天空中乌云滚滚，向中央聚集。中央部分的云已降下了大雨。这些故事虽然充满了神话色彩，但画面却是按现实中的自然现象描绘出来的。大火燃烧，烈焰熊熊；乌云翻滚，大雨如注，都可以形成独特的风景。唐代画家最早注意到并描绘出了这些自然奇观，这些都是中国绘画史上的珍贵资料。

建于大历十一年（766 年）的第 148 窟，是盛唐后期规模较大的洞窟。在本窟的巨型经变画中，山水画也体现出极高的水平。特别是其西壁、北壁的涅槃经变和天请问经变，成功地画出了气势壮阔的山水，空间表现又与人物故事情节完美地结合起来，实在是佛教壁画中不可多得的山水佳作。

本窟的涅槃经变共画出十组画面，六十六个情节，人物数百，山水也极其壮观。其顺序先是从南壁西侧开始，由西壁全壁到北壁西侧，主要画面在宽达十六米左右的西壁上。西壁的南侧，表现释迦牟尼在双树林入般涅槃的情景，画面在空旷的原野中展开，远处有山崖耸立，中部画出引人注目的雄伟城楼，表现拘尸那城（图 115）。这样高大的城楼与懿德太子李重润墓壁画中的建筑很相似。虽然莫高窟第 148 窟比李重润墓壁画要晚七十年左右，但那种雄大的盛唐风格是一脉相承的。由这一组建筑形成了画面的一个高潮，城门外是一片开阔的原野，远景中的山峦绵延相接，一直连到城楼后面，近景的缓坡也在这里交接，景物的远近空间关系表现得十分真切。北壁的分舍利场面，可以说是这铺经变画的高潮，众多的人物围绕在堆放舍利的台前。背景的上部，山势表现得十分雄奇。在辽远的原野后面，危崖耸立，其中还画出一片白云把半山腰遮住。画面上部，与青绿重彩的山峦相对的是橙黄色的彩云，仿佛是夕照中的晚霞，具有一种动人心魄的美感（图 116）。从这铺涅槃经变我们可以看出唐代壁画表现故事，不仅仅停留在把故事内容图解出来，而且注意到壁画作为美术的一种视觉感受，充分调动山水画的技法，体现出雄奇壮阔的意境，使画面美到极致。

第 217 窟南壁西侧，是根据《法华经·化城喻品》来绘制的山水图景。画面的顺序大体是上部从右至左，再从左至右。右上角是危崖耸立，有二人骑马一远一近行进。透过山崖，可见远方曲折流淌的河流，

图 115　城楼　莫高窟第 148 窟西壁　盛唐

图 116　山水　莫高窟第 148 窟西壁　盛唐

境界辽远。中部两座高峰之间一道飞瀑涌泻而下，山下的旅人被这大自然的奇景所吸引而驻马观赏。马匹半掩在山后。左部也是一条曲折的河流，在近处被山崖遮断。下面的山峰，悬崖突出，青藤蔓草悬垂。有三人仿佛是长途跋涉而疲惫不堪，一人牵马，一人躺倒在地，一人在水边欲饮山泉。中间靠右是旅人正向一座西域城堡走去，路旁桃李花开，春光明媚（图 117）。

《法华经·化城喻品》讲述了一群人往一宝地取宝，路途遥远险恶，“迥绝多毒兽，又复无水草”。众人走了很久，苦于道路险阻，不愿再前行。这时，聪明睿智的导师以神通力化出一座城池，让众人进城休息。众人休息好了，化城消失，又继续赶路。法华经用这个故事来象征佛引导众生走向彼岸。但是，画家并没有机械地按照经文画出那种

图 117　化城喻品　莫高窟第 217 窟南壁　盛唐

穷山恶水的荒凉景象，而是渲染出曲径通幽、草木葱茏的秀丽景致，使之成为“可居”“可游”的游春图景。说明画家是从美的角度来进行创作，有意识地创造山水意境的。这幅山水画，主要表现了四组山峦：左侧一组山峰刻画颇细，以石绿和浅赭相间染出，峰峦上的树形除了沿用过去那种装饰性的树形外，又相应地描绘了树的枝叶细部，还画了许多悬垂的藤蔓。右侧是潺潺的流水。中部是一组平缓的山丘，与左侧的山崖相映成趣，用很单纯的笔法勾描，平涂石绿色并刻画了不同的树木，花开烂漫，一片春色。右上一组山峦最引人注目，飞流而下的瀑布虽已变色，但仍使人感到充满生意，是画面中最传神之处。

左上部的远景，尽管不如前面几组富有特色，但在画面的构图上是必不可少的，它把左侧近景山崖与右侧一组山峦有机地联系在一起，在两组山崖之间还画出一行大雁飞向远方，使山水显得较有纵深感。

第 103 窟的《化城喻品》，更像一幅独立的山水画（图 118）。上

图 118　化城喻品　莫高窟第 103 窟南壁　盛唐

部远景中绘有一群人从右向左前行，前面一人牵着大象，大象驮着很多行李；后面一人戴风帽，骑着毛驴，像一个贵族妇人，身后又有二人步行跟随。下部描绘近景山水，左侧是一座险峻的悬崖，上面垂下青藤翠蔓，岩石间一道水流凌空流下。崖下是曲折的河流。与左侧的悬崖相对，右侧也是一座高耸的山峰，山脚下旅行的人们在这里休息。这一景色成了画面的主要内容。经变画本来图解佛经内容的意义被淡化了，而倒像是一幅完整的山水画。此画是唐代青绿山水画的代表作品。

在第 103 窟、217 窟的山水画中，画家充分调动了山水的各个要素，山峰、河流、瀑布、树木、藤蔓等都各得其宜，表现得十分协调，有耸立的危崖，有平缓的小丘，有近景的岩石，有远景的峰峦。河流也各有曲折，远景河流细细如线，近景河流波浪翻滚，还有山崖上喷出的有些透明的瀑布、泉水。树木更是种类繁多，开花者如桃如李，近景中柳树婆娑，松树挺立；悬崖上青藤垂下，草木茂盛。从野外到城里，人物来来往往。这一切构成了一幅完美的山水人物图。

以莫高窟第 217 窟、103 窟为代表的山水画，线描细腻，以青绿色为主，画面绚丽灿烂。这样的山水画就是画史记载的“青绿山水”。唐代李思训、李昭道父子以画青绿山水著称。《唐朝名画录》盛赞李思训“山水绝妙”“国朝山水第一”。《历代名画记》说李思训“其画山水树石，笔格遒劲，湍濑潺湲，云霞缥缈，时睹神仙之事，窅然岩岭之幽。时人谓之大李将军其人也”。从这些记载我们可以看到李思训一派山水画的特点在于：注重以线描勾勒，注重色彩明亮。这两点也就是青绿山水画的一般特点。这样的山水画在唐代是很受欢迎的，所以李思训赢得了那样高的赞誉。敦煌壁画唐代前期的山水画在画法上与青绿山水画是一致的。莫高窟第 217 窟约开凿于景云年间（710—711），大致与李思训同时或稍晚，受到李思训一派山水风格的影响是很自然的。从敦煌壁画中我们也可以探索唐代青绿山水画的发展状况。

第 172 窟观无量寿经变中的山水画与别的山水画不同，在亘重楼阁的两侧画出山水景物，不是画成高山的样式，而是画出一望无际的原野，其中有河流曲折地流下，画面上部留出部分空白。在象征着净土世界的建筑物后面，表现出了真实的空间透视，体现出画家驾驭山水的熟练程度。在净土世界的两侧还以条幅的形式画出了“未生怨”和“十六观”，在两个条幅的上部往往画出山水场景，具有相对的独立性。“日想观”是《观无量寿经》中所说十六种修行方法即“十六观”之一，是通过对落日的观想，并进而使意念进入到佛国净土世界。壁画中则通过描绘自然的山水景物来表现这样的观想场面。在第 172 窟北壁的日想观中，右侧画出高耸的山崖，韦提希夫人坐在山下，左侧一条河流环绕，上部画出淡蓝色的远山及彩云。青绿色画出远景中的原野，与近景中赭红色的山崖形成强烈的对比，华丽而不流俗（图 119），充分显示出唐代山水画的成就。同一内容，在本窟南壁也有成功的表现，而且盛唐第 320 窟、172 窟的这一内容，也都是表现出完整的山水场景（图 120）。

第 172 窟东壁北侧的文殊变上部山水也表现出了相似的空旷的风景。图中共画出三条河流，由远而近流下，在近处汇成滔滔洪流，左侧是一组壁立的断崖，中部是一处稍低矮的山丘，右侧是一组山峦。沿山峦一条河流自远方流下，近处则表现出汹涌的波浪，远处河两岸的树木越远越小，与远处的原野连成一片，表现出无限辽远的境界。

图 119　日想观　莫高窟第 172 窟北壁　盛唐

图 120　日想观　莫高窟第 320 窟北壁　盛唐

河流的表现引人注目，特别是表现出汹涌澎湃的波浪，具有大江大河的气势（图 121）。

盛唐石窟的青绿山水画大多是从中原传来的粉本，或丘峦秀丽，绿树环合；或烟霭雾锁，山水迷蒙；或大海扬波，舟楫帆影……这些都不是西北地区的自然风光，但是敦煌的画家受到南方山水画审美意识

图 121　山水　莫高窟第 172 窟东壁　盛唐

的深刻影响，自觉或不自觉地把西北的风光融入青绿山水画中，尽管经过了美化加工，但仍能寻其端倪。如第 172 窟的山水画对于辽阔原野的表现，显然不是南方的自然风光。仔细观察沟壑的特点，就会发现，这种仿佛断裂的沟壑，在西北很多地方都可以看到。敦煌附近就能找到类似的景观，只是由于干旱现在没有那样汹涌的流水了。而在唐代，莫高窟附近曾有过“左豁平陆，目极远山，前流长河，波映重阁”（莫高窟第 148 窟碑文）的景色，这就为当时的画家提供了素材，并激发他们的灵感，进而创作出这种富于地方特色的山水画来。

恬静淡泊之景——唐代后期壁画中的山水

经过盛唐的发展和完善，山水画在中唐以后更加丰富了，这个时代的每个洞窟几乎都画有山水景物，能够表现山水的地方画家都尽量画出相应的山水。尽管山水仍然是人物活动的背景，在佛教石窟里始终没有取得独立的地位，但这一时期山水画大量普及，已经成为壁画中不可缺少的部分。一些经变，如观无量寿经变、法华经变、金刚经变、楞伽经变等已经形成了与佛经内容相适应的固定的山水模式。盛唐时期取得很高成就的全景式青绿山水画，在这一时期得到进一步发展。这一时期，水墨画技法传入了敦煌，给壁画中的山水画艺术带来了新的气息。这些具有水墨画特征的山水画为我们探索唐代水墨山水画技法的兴起和发展，提供了重要的参考资料。唐代后期山水画描绘较多，且有特色的洞窟有第112窟、第154窟、第468窟、第361窟、第369窟、第85窟、第9窟等。

第369窟南壁西侧的金刚经变，主要表现佛在金刚山中说法，周围环绕众多的菩萨和弟子。画面上部主峰耸立于画面正中，两侧层峦叠嶂，与主峰共同构成如金字塔一般的形式，充满了宗教的庄严感。同窟的南壁东侧经变画中，却把中央空出来，表现平缓的原野和丘陵，两侧分别画出山崖，形成平远的景色（图 122）。这两铺经变画的构图

图 122　山水　莫高窟第 369 窟南壁　中唐

形式，虽然在唐前期已经出现了，但本窟对山峰的表现十分突出。画家通过山峰表现出了佛教的气氛，把山水的境界与佛教的境界统一起来。比起唐前期的山水画来，那种鲜艳的青绿颜色用得较少，大多仅用赭色染出;线描也用极淡的色彩勾出，以致在很多地方如果不仔细看，往往看不出轮廓线。这是唐代后期山水画的一个倾向。

第231窟北壁的山水画也是这样。在北壁弥勒经变的上部两侧，分别画出山水景物。右侧是一组高耸的岩崖，在两道峭壁之间，有一条河水曲折地流出，近处的河道越来越宽，山脚下绘出修行的草庐。靠近中部的山，阳面是一个缓坡，有几只鹿悠闲地吃草，上部的远山也烘托出辽远的效果。左侧的山峦较平缓，通过河流的曲折线条表现出苍茫的原野，远景中也有几只鹿。对于远景的处理，加强了写实性，表现出深远的意境。盛唐第148窟表现出壮阔、强烈的氛围，而第231窟更多地表现出安详而宁静的风格。同窟南壁的法华经变及西壁的文殊变、普贤变中都画出了山水画。如文殊变中的山水在文殊菩萨的身后，远方耸立着几座峻峭的山峰，山的峰顶都比较尖，在山峰的顶部以石青色晕染，山峰之间还有白云缭绕。近处的原野上画出树丛，色彩明快。把平远与深远的景色结合起来，富有真实感。

晚唐第85窟东壁门上部画出萨埵本生故事。这个故事是北朝最流行的题材之一，唐代以来单独画出的极少。此窟是作为金光明经变的一个部分画出的，却画在经变的旁边，采用了连环画的形式描绘故事内容，但没有像早期的那样分段画成长卷形式，而是以山水为骨干，均衡地分布情节，山脉相连，很难分隔开来。山峦的画法与唐前期的山水画相比，有了一些微妙的变化:首先是山的形状由圆润变为坚硬，山头多为角形，注重对岩石的刻画。在色彩上，唐前期是以石绿为主，而这里则以石青为主。中唐以后，壁画的色彩趋向于简淡，但进入晚唐以后，青绿重色再一次受到重视。尽管如此，色彩简淡的倾向似乎是难以阻挡的潮流。同样是青绿山水画，唐前期那种色彩丰富而绚丽的风格、山势雄浑的境界不复出现。如第 9 窟的壁画中，在窟顶经变中也画出了连绵的山峦，但山峰与山峰之间的联系显得不太自然，由远景山峰到近景平地间也缺乏一个有机的过渡。但峰峦显得坚硬，近景岩石的表现加强了，这是新的倾向。

中唐第 112 窟是一个小型洞窟，在南北两壁各画出了两铺经变，北壁的报恩经变和南壁的金刚经变都画出了山水画。报恩经变上部画的是“论议品”，即鹿母夫人的故事。左侧画出一座山，山中有一大石窟，窟中一人在修行，窟外一鹿正在饮水。右侧也画出石窟内一人修行，窟外一女子行走，身后有很多莲花，前面有一王者正骑马经过。画家着意刻画了山崖和岩石，体现出一种幽静的气氛（图 123）。

这里的山水则是全新的样式，山头几乎都是尖锐的角形，轮廓线转折强烈，似乎要表现岩石的特征；颜色也极为清淡，仅用少量的石绿。值得注意的是，在墨线勾勒之后，又用淡墨渲染，这样的方法是水墨画的特征。第 154 窟也有同样的表现。该窟东壁门北侧的金刚经变及北壁观无量寿经变中，山水都以水墨画出，虽然也用石绿染出，但颜色并没有遮盖墨线。这种特征在中唐的代表窟——榆林窟第 25 窟壁画中可以明显地看出。

敦煌壁画中的水墨山水画显然是受到长安一带画家的影响。从藏经洞出土的唐代绢画中，水墨山水画也很多。如大英博物馆所藏的一

图 123　鹿母夫人的故事　莫高窟第 112 窟北壁　中唐

幅有公元 836 年题记的药师经变，右上角的峰峦较尖，全由水墨晕染，薄施青绿色，显得浑厚凝重。另一幅时代大体相近的报恩经变，画面构图与敦煌壁画一致，即中央画出净土图，两侧以条幅的形式画出佛教故事画。图中描绘须阇提父母从山间走出，左侧是峻峭的山崖，二人行走在山下的平地上。山崖以浅赭色染出受光面，阴面以水墨晕染，与莫高窟第 112 窟的画法一致。由于壁画与绢的质地的差异，绢画更能体现出水墨画的优点。而且，从绢画中我们更能清楚地看出笔墨的方法。所以，从绘画的效果上看，绢画的水平往往高于壁画。

大英博物馆藏品中的另一幅佛传故事画中，山水的表现具有盛唐时期的很多特征，如山峰较圆、青绿色较重等。在构图上，画面左半部画出耸立的山崖，右侧画出远景，山势的布局与盛唐第 320 窟北壁的山水完全一致，但用墨线画出的强烈的轮廓线，以及山峰上面树丛的样式则透露出了新的时代特征。同时还可以清晰地看出皴法的运用。与敦煌石窟壁画相比，壁画的渗透效果较差，颜色往往涂得很厚，而绢画的颜色相对较淡，往往露出起稿的线条，或者当时就是一次起稿后不再描线。反过来受其影响，中原的壁画也往往用较浓的墨线起稿，施淡彩，不再画定形线。

屏风画中的山水

中唐以后的经变画通常在上部表现净土世界，下部以屏风的形式表现经变中的具体故事或相关细节，这种形式称为屏风画。屏风画为山水画的表现提供了新的方式，虽然壁画都是以连屏的形式来描绘佛经故事，但每一扇屏风都具有一定的独立性。画家可以利用屏风自由地进行山水布局，于是，屏风画的山水呈现出无限丰富的景象。第159窟五台山图的屏风画是比较独特的（图124），把金字塔形的五台山图画在屏风的中央，这是否就是当年吐蕃到内地求得的《五台山图》呢？由于屏风画呈纵向的画轴形式，通常都把画面分隔成几段以表现故事情节。但也不是截然分开，而是用山水把画面有机地联系起来。从山水画的角度来说，则是在构图上更趋向于完整了。如第231窟龛内表现萨埵太子舍身饲虎的屏风画，实际上有三个场面：下面画出萨埵太子山中见到饿虎的情节，中央画出萨埵太子舍身饲虎的场面，上部画出亲属为萨埵太子起塔供养的情节。由于人物较小，山水成了壁画的主体，屏风画的中心是萨埵太子饲虎的场面，山水也是以此为基准。

图 124　屏风画五台山图　莫高窟第 159 窟西壁　中唐

下部的场面为近景，上部的画面处理为远景，中央则详细描绘山水景物，右侧是突兀的悬崖，悬崖下面是一片平地，地上画出众虎围绕萨埵太子啖食的场面。画面左侧画出一组低矮的山峦，中央这部分的山水布局，显然是延续了盛唐以来的样式。在山水构图上十分完整，山与树木、人物十分和谐。在色彩的运用上，山崖的顶部有较淡的石青色，下部的山坡和原野都用石绿画出，其中又以赭色相间，表现阴阳向背。大量的石绿色把画面统一起来，造成均衡的效果，虽然不像盛唐山水画那种鲜明、强烈而富有感染力，但对山水细部的处理则有所进步，不论是对岩石的皴笔还是淡墨的晕染都比较自然，形成了一种新的山水结构。

从构图上来看，通常每一扇屏风中要画出 2~4 个情节，因此往往利用山水或建筑分隔出一个个小环境描绘故事情节。第 231 窟龛内南北西侧的屏风画表现报恩经变中“善事太子入海求宝”的故事，共有四个情节，通过自上而下的呈“S”形的一条河流，把画面联系起来。在河的两岸画出山峦，从全画面来看体现出山水画的构思。第 238 窟龛内南壁的屏风画也是表现“善事太子入海求宝”的故事，构图较疏朗，通常一扇屏风里描绘三个场景。如南壁西侧的屏风画，下部是表现一群牛走过，中部是山丘和树木，上部的山崖旁有二人作对谈状，最上部是远山及远处的树丛（图 125）。分开来看，可以看作是两个场景；合起来看，山水风景由近及远，又是一幅完整的山水画。这样的屏风画，数量不少。相比之下，情节较少的屏风山水布局相对较完整，如第 54 窟龛内西壁的屏风画，只有两组说法场面，画面左侧画出山峰及树木，右侧则是平缓的山坡，上部画出远山，色彩极其简淡。第 468

图 125　屏风画善事太子入海故事　莫高窟第 238 窟龛内南壁　中唐

窟龛内的屏风画是较为成功的例子。这里每一扇屏风都画出两组说法图，全画面呈平远景色，没有雄伟高大的山崖。在说法场面中只画出一两棵老树，两个场景之间以曲折流下的河流分隔开来，画面最上部画出远山，由远及近画出疏疏落落的树丛。这样自然和谐的山水意境，代表了这一时代的风格。

中唐第 154 窟龛内两侧的屏风画大多没有画出人物情节，似乎是没有佛经内容的山水画。当时，龛内本来有一些菩萨和弟子的塑像。这些屏风式的山水画是作为菩萨或弟子的背景画出的。现在塑像已失去，壁画完全露了出来，左侧或右侧有一半的空白，使山水画看起来不完整。由此我们知道，在唐代后期的确出现过没有佛教内容的纯粹的山水画。在第 156 窟的维摩诘经变中，我们还可以看到在维摩诘像的身后画出一组屏风，屏风上都绘有山水画。这大约是当时现实生活的真实写照。屏风在唐代贵族的家庭流行，而屏风中画山水则是十分普遍的。

五台山图

五代到北宋，正是中国山水画由着色山水向水墨山水转变的重要时期。这一时期由于西北地区的政治形势非常严峻，敦煌与中原的往来十分困难，文化艺术的发展处于相对停滞状态。曹氏统治者仿照中原王朝在敦煌设立了画院，壁画都由画院的画工们制作，从而形成了一种敦煌地区的“院体”画风，也使这一时期的绘画具有一定的保守性。

这一时期值得一提的是第 61 窟的《五台山图》。五台山位于山西省境内，山有五个顶，称为五台。由于海拔较高，山中气温很低，即使在盛夏也很凉爽。这些特点与佛经所记载的文殊菩萨所居的清凉山十分一致。早在南北朝时期，佛教信徒就把五台山与文殊菩萨联系在一起，产生了种种传说，这样就使五台山的佛教寺院越来越兴盛。到了唐代，高宗还专门派使臣会赜去五台山检验佛迹，会赜命随行人员画出了《五台山图小帐》带回。于是，五台山图连同五台山信仰就在全国传播开了。远在西南的吐蕃赞普也曾派人到唐朝求取五台山图。日本遣唐高僧圆仁曾专门访问过五台山，在他回日本时，还把五台山图带回了日本。可见五台山图流传之广。

敦煌壁画中最早出现五台山图是中唐时期的第159窟、第361窟等。可能与文献记载的吐蕃遣使求取五台山图有关，这几幅五台山图都画成屏风画的形式，也许就是模仿唐代会颐所创的《五台山图小帐》。五代时期，五台山图更为流行，并与文殊变结合起来，内容更丰富了。榆林窟第19窟、第32窟中的五台山图都是作为文殊变的背景画出的，由于山水的面积很大，使全图具有山水画的意味。榆林窟第32窟的文殊变是以文殊菩萨在五台山化现为中心画出的。中央画文殊菩萨骑狮子从云中化现，四周则画出五台山和山中的寺院。与之相对应的普贤变，也画出普贤菩萨化现于云端，周围画出山水及毗沙门天王决海的情节。两铺壁画都褪色严重，皴法及晕染效果已看不出来了。

第61窟的《五台山图》可以说是五台山图在敦煌发展的最高表现。第61窟开凿于947—951年，本窟主要供奉文殊菩萨，所以也叫“文殊堂”。西壁配合文殊像画出巨幅《五台山图》，全长13.45米，高3.42米。画中详细描绘了东起河北正定、西至山西太原方圆250千米的山川地形及社会风情。画面左侧为南台（图126）、西台；下部为太原城至五台山的道路；上部画毗沙门天王、阿罗汉等赴会的情景；右侧为北台、东台，下部分别画出由河北道镇州（今河北省正定县）到五台山的道路。全图以中台及其下的文殊真身殿、万菩萨楼为中轴线，两边各以五座大寺分布在东、南、西、北四台之间。南下角是太原城，靠近中部有河东道山门。与之相对的北下角是镇州城，靠近中部有河北道山门。这样通过大山和大型建筑构成骨架，使画面形成了一个基本对称的格局。这样的布局无疑是受到了经变画构图的影响。山水画

图 126　五台山图（局部）　莫高窟第 61 窟西壁南侧　五代

表现基本是沿袭唐代以来的传统表现手法。五座主峰基本上呈金字塔形，山头较柔和，令人想起董源山水画中常见的稳重而庄严的山峰。在近景表现中有所变化，画出尖锐的山峰，皴法则类似斧劈皴，笔力雄健。

藏经洞出土的绢画中也有一幅《五台山图》（EO.3588，法国吉美博物馆藏），其创作时间大约在曹氏归义军晚期。画面中央是文殊菩萨，背景画满了山水，即五台山。这幅山水画是以着色为主的，山的轮廓线较柔和，山峦的形状较单调，以绿色晕染，值得注意的是山上树木的画法，在山上分布着同一形状的树木。

敦煌壁画中的山水画，对于佛教石窟来说并不是主要的内容。由于唐五代以前的中国山水画所存极少，而敦煌石窟中有大量作品保存下来，从它的发展历程中我们可以探索出中国山水画发展变迁的重要信息。

XIEGEI
QINGSHAONIAN
DE
DUNHUANG
GUSHI

写给青少年的
敦煌故事

装饰的艺术

广义地说，石窟艺术本身就是一种装饰艺术，因为所有的彩塑和绘画都体现着艺术家的装饰意图和匠心。莫高窟的彩塑、壁画基本上都包含着佛教的意义，有很多是直接根据佛经内容而画出来的。这些题材通过一定的组合、排列，及其中的构图、色彩等方面的考虑，形成石窟装饰的思想。自古以来，为了让这样幽暗的佛教石窟散发出迷人的光彩，画家们在装饰上花费了很多心血，营造出十分诱人的佛国世界。这些艺术上的构思，我们在前面各章对石窟建筑、彩塑以及壁画的各项内容探讨中大多已经涉及了。本章主要谈一谈洞窟壁画中的图案画。

石窟中最引人注目的就是装饰于洞窟顶部的图案。北朝时期中心柱窟流行，洞窟前部顶为人字披，后部为平顶，于是为了体现出木构建筑的特点，前顶往往在人字披两披各浮塑出一些椽子装饰，在人字披主梁的两头还做出斗拱的形式。在椽子之间通常绘出的是莲花与忍冬纹组成的图案，有时也画出菩萨或佛像与莲花、忍冬纹组合成的图案。如第 251 窟人字披图案，下部表现一个从莲花中诞生出来的化生，旁边有一根弯曲成“S”形的莲茎向上伸展，连接起上部的三朵莲花，弯曲而长的莲茎与盛开的莲花有一种动感，使画面充满活力。第 254 窟、第 263 窟的人字披图案大体与前者一致，但下部画出的是站着的菩萨，更显得生动（图 127）。西魏第 288 窟的人字披则画出有很多繁盛花瓣的莲花，还把孔雀、鹦鹉等禽鸟也组合到图案中来，使图案更为华丽而丰富（图 128）。

图 127　人字披图案　莫高窟第 263 窟窟顶　北魏

图 128　人字披图案　莫高窟第 288 窟窟顶　西魏

中心柱后部的平顶通常是以方形连续纹组成，称为平棋。平棋图案一般有数重交错叠涩，层次较为丰富。平棋的中心是一朵大莲花，在四个岔角处画莲花或火焰纹。西魏以后，在平棋四角画飞天的情况较多。

以忍冬纹、莲花纹为主的图案，形成了北朝装饰画的主旋律。但在西魏北周时期，图案中逐渐加入禽鸟、动物的图案。如北周第 428 窟顶部图案中不仅画出鹦鹉、孔雀，还画出了虎、鹿、猿等动物形象，并与周围的忍冬纹、莲花纹、几何纹等有机地组合起来，体现出自由奔放的气质（图 129）。

图 129　平棋图案　莫高窟第 428 窟窟顶　北周

隋代第 427 窟人字披顶部，画家不厌其烦地绘出一道精致的图案：在深绿的底色上，缠枝莲茎和忍冬纹按波浪形延续，构成一个个环形空间，并画出盛开的莲花以及坐在莲花上的化生童子。这些化生童子显然象征着往生极乐净土的途径。图中的童子坐在莲花上，有的怀抱琵琶，有的吹奏竖笛，一副无忧无虑、愉快欢歌的神态。这条长长的装饰带随着起伏的莲茎，充满了动感（图 130）。

在殿堂窟中，顶部中心是藻井，这里成为全窟装饰的重点。北朝的洞窟如西魏第 249 窟、第 285 窟的藻井大体与平棋图案一致，以莲花纹为主。第 285 窟在藻井四周增加了两层垂幔纹，并在四角画出长长的流苏，使藻井具有华盖的意义。隋代以后，洞窟越来越重视藻井装饰，创造出很多美丽的藻井图案。如第 407 窟藻井，中心是一朵八

图 130　卷草图案　莫高窟第 427 窟窟顶　隋

瓣莲花，花瓣重叠，显得厚重。花心是一个绿色的圆圈，圆中画出三只奔跑的兔子，这三只兔子共有三只耳朵，可是不论你看哪一只兔子都有两只耳朵，这就是有名的三兔造型（图 131）。画家巧妙地利用图案共用原理，形成了有意味的三兔图案。在大莲花四周的蓝色底色上又有八身飞天环绕莲花飞行。这些飞天手托鲜花，长长的飘带伴随着流云，兴高采烈地行进，画面营造出欢快、热烈的氛围。飞天旋转飞

图 131　三兔藻井　莫高窟第 407 窟窟顶　隋

行与中央奔跑的兔子相呼应，充满了生机勃勃的情调。三兔藻井图案在隋代还有不少，但并不雷同。如第 420 窟的藻井，中心也绘三兔，藻井向外有三重叠涩，四边形成的岔角里画飞天。

唐代以后，洞窟形制以殿堂窟为主，藻井的装饰也越来越华美。初唐第 329 窟的藻井（图 132），井心用十四个卷曲莲瓣和十四朵卷云纹环绕莲心绘成一朵大莲花，花心以白色的弧线画成波状旋转形，似

图 132　莲花飞天藻井　莫高窟第 329 窟窟顶　初唐

莲花正在旋转的色轮上放光，正如《华严经》中说："莲花妙宝为璎珞，处处庄严净无垢，香水澄渟具众色，宝华旋布放光明……"在方井的四角与中心相对应处又各画出莲花的一角，莲花的外缘具有石榴纹样。这些巧妙的组合使造型简单的莲花变得无比华丽丰富。中心莲花的周围，在深蓝色的底色中画出四身衣袂飘飘、手持鲜花的飞天，她们在蓝天轻飞曼舞，身边浮云流动。井心以外是卷草纹、联珠纹、垂角纹帷幔等。在藻井外缘的帷幔外侧，又画出十二身飞天，在五彩云的衬托下演奏着琵琶、箜篌、腰鼓等乐器，朝着一个方向连续不断地飞去。华丽无比的图案以及他们活泼多姿的动态给人以无限遐想。这个藻井生动绚丽，变化丰富，不愧为唐代装饰画的杰作。

唐代装饰图案把莲花、牡丹、石榴等各种花纹的图案组合在一起，以独具匠心的构思、鬼斧神工的技艺著称于世。初唐第 322 窟的藻井，井心由葡萄蔓网纹构成，四边又以团花、棱格、矩形纹等组成边饰，外层画成帐幔的形式。四周又画出十几身飞天弹奏乐器，在蓝天白云中轻快地飞翔，色调明净而绚丽。第 209 窟的藻井在中央以四个石榴对称排列，八串葡萄交错组织，通过藤蔓联系起来。四周分别为连珠纹、鱼鳞纹、矩形纹等，最外层为垂幔，色彩简淡而典雅（图 133）。盛唐第 320 窟的藻井中央为团花纹。这种结构复杂的团花纹，可以看出莲花、牡丹等花瓣的特征，但它又不像某一种花。在中央方井以外，有着层次丰富的边饰，菱形纹、团花纹、鱼鳞纹、垂角纹及流苏的纹饰无不描绘细腻、色彩丰富。全图以大红为主色调，以不同色度的青、绿、黄、白等色描画纹样，显得强烈、厚重而又华贵，体现出唐人的审美气质。

图 133　莫高窟第 209 窟藻井　初唐

五代以后，除了唐代以来的团花图案外，中国传统的龙凤图案开始流行起来。画面色调倾向清淡，以绿色为主，常常辅以描金，表现出华丽的效果。并开始采用沥粉堆金的新手法，表现出类似浅浮雕的效果。西夏以后，更进一步在图案中推广这种手法，特别是藻井中，表现龙凤图案时大量采用堆金的方法，体现出高贵的气质。

五代第 146 窟的藻井，方井以土红为底色，中央以青绿色画出团花，在绿底色的花心上画一条龙。在团花的四面各画一对鹦鹉，四角

图 134　莫高窟第 130 窟藻井　西夏

又饰以半团花。方井周围分别画方胜纹、卷草纹等，使整个藻井显得色彩别致，风格清新。西夏时期以龙凤形象为主的装饰图案更为盛行，绿色调成为此时的基调。第 16 窟藻井中心也是以红色为底色，在团花的花心，画出一只凤凰，在花的四周则画出四条龙。龙凤图案都以沥粉堆金的方法画出，有一种浮雕的效果。四周的边饰也以同样的方法画出卷草纹，显得层次丰富，形象华美。第 130 窟的顶部藻井也是西夏时期所绘，中心是一条团龙，四周画出四条小龙。龙的形象也是以沥粉堆金的方法画出，周围配合团花纹及彩云图案，表现出华丽庄严的效果（图 134）。

XIEGEI
QINGSHAONIAN
DE
DUNHUANG
GUSHI

写给青少年的
敦煌故事

敦煌壁画的风格与成就

六朝至唐代的著名画家，如顾恺之、曹仲达、吴道子等都曾画过大量的佛像画，像吴道子这样的画家主要作品几乎都在寺院壁画中。说明佛教绘画在当时成为中国绘画的新潮流，在这一股潮流的冲击下，中国的绘画便飞速地发展起来。

敦煌壁画是保存至今数量最多、时代延续最长、绘制最精美的艺术宝库。从敦煌壁画中，我们可以看出公元 4 世纪至 14 世纪中国佛教壁画发展的大致轨迹，特别是对于考察中国早期人物画、建筑画、山水画的发展具有重要的意义。

敦煌壁画北凉至北魏时期的绘画主要受西域壁画的影响，佛、菩萨较多地体现着印度式或犍陀罗式的形象特征。佛和菩萨多为正面形象，只有药叉、伎乐飞天等次要的神格和世俗人物出现侧面像。北凉第 272 窟、第 275 窟，北魏第 251 窟、第 254 窟等的壁画中，人物的比例合度、形体健壮，菩萨的身体多呈“S”形弯曲，上身半裸，下着长裙。飞天和药叉动作幅度较大，充满力量感。特别是重色晕染的技法，是传自古代龟兹艺术的典型技法，现存的克孜尔石窟就保存着大量的西域风格壁画。西域风格的画法由于用色厚重，晕染层次丰富，在 1500 年后的今天大多变色严重，形成了线条粗犷、“小字脸”等奇特的形状。

东晋、南朝时期，南方贵族阶层崇尚清谈和神仙思想，对那种身体清瘦、飘飘欲仙的人体形象有特别的爱好，这就是所谓“秀骨清像”“褒衣博带”的审美风格。在南方和中原一带出土的画像砖中就发现这样的仙人和世俗人物形象。在北方，由于北魏孝文帝改革，大力倡导学习汉民族文化，南方的文化艺术便大举影响到北方，以龙门石窟为中心的北方佛教艺术就体现出南方秀美的风格。敦煌则是在西魏以后，接受了传自中原的造型风格，以第 249 窟、第 285 窟为代表的壁画中，出现了人体比例修长、身体苗条、眉目清秀、动作飘举如神仙般的形象。在技法上则注重线描，色彩简淡，不重立体感，而追求一种平面的装饰性。这是当时追求的一种形式美，在人物造型上是汉代以来中国传统艺术的新发展。

但这种风格没有维持很长时间。到了北周时期，西域特色的造型再次出现在敦煌壁画之中，如第 428 窟的佛、菩萨像脸型浑圆，比例适中，色彩晕染厚重。与此同时，西魏出现的中原式造型风格并未消失，而是在很长一段时间与西域式造型并存于洞窟中。这是由于在当时中原绘画中也存在着多种风格。

在南北朝时期，传自西域的画法在中原也同样被一些画家所吸收和采用。如北齐画家曹仲达的绘画具有衣纹稠迭如出水之状，因而被称为“曹衣出水”，这样的手法其实是来自印度笈多时代佛像造型的风格。在南北朝佛教美术大兴的时代，印度式的佛像画法传入中国并不奇怪。南朝的张僧繇曾采用西域传来的“凹凸法”在南京一乘寺绘制壁画，“远望如凹凸，就视乃平”，在当时传为佳话。人们把一乘寺称作“凹凸寺”。张僧繇的画法正是敦煌北凉至北魏壁画中较为流行的西域式画法。六朝时代，张僧繇是与顾恺之、陆探微并称的著名画家，张彦远评价说，“像人之美，顾得其神，陆得其骨，张得其肉”。中国绘画讲究神韵，能够传神的艺术应是最高的，因此顾恺之的人物画在当时评价最高。陆探微的绘画很讲究用笔，所谓“骨法用笔”，就是指在线描方面的成就，他代表了以线描造型的传统绘画方法。而“张得其肉”，就是把人物身体表现出一种立体感且具有真实性。张僧繇就是吸取和融合了西域绘画技法而取得了较高成就。

顾恺之、陆探微风格注重用笔，形体清瘦的中原式绘画虽然在西魏时期已经传入了敦煌，但并没有很快在敦煌石窟中普及。敦煌仍然在不断地接受着来自西域的影响，所以北周和隋代的洞窟都出现了西域式和中原式两种风格并存的局面。这一局面也反映了当时中原多种绘画风格并存的状况。

隋代以后，中原式的造型与西域式的造型逐渐融合，形成了新的造型风格。它既不同于西域式那种只强调晕染、不注重神采的造型，也不同于中原式那种只注重线描、不注重形体的概念化的造型，而是注重神韵且兼顾写实，以线描为主兼顾色彩晕染的写实主义的造型艺术。隋代壁画中出现了两种造型风格：一种是描绘细腻，注重色彩晕染和装饰性的“细密派”，以第 419 窟、第 420 窟、第 427 窟等为代表；一种是注重用笔，色彩较少，甚至不加晕染的“简淡派”，代表洞窟有第276窟、第303窟等。

唐代以后，由于国家统一，经济发达，敦煌美术与中原美术的发展几乎同步，以当时的首都长安为中心的中原地区流行的风格很快影响到敦煌。敦煌壁画进入了极盛时期，画家们熟练地运用不同的手段，塑造不同的形象，留下了许多杰出而生动的作品。唐代以后的绘画很难看出明显的外来风格与中原风格的区分，但当时中原画家的风格也或多或少地影响了敦煌，使敦煌壁画呈现百花齐放的局面。

初唐画家阎立本以写实精神创作了《凌烟阁二十四功臣图》《秦府十八学士图》等，都是直接对当时的人物进行写生而创作的，在当时赢得了很高的声誉。他还创作了表现外国人物的《职贡图》，表现帝王的《步辇图》和《历代帝王图》。如果对比现存于波士顿美术馆的《历代帝王图》以及宋人摹刻的《凌烟阁功臣像》(现存陕西省麟游县)，可以发现敦煌壁画中就有不少类似的绘画作品。如初唐第220窟东壁、第335窟北壁的维摩诘经变中有帝王图，第323窟佛教史迹画中的国王与大臣形象，第45窟观音经变中的部分人物像等。这些人物形象写实，服装规范，与阎立本画中一致，无疑是在阎立本一派画风影响下创作的。由于阎立德、阎立本兄弟在初唐宫廷先后长期担任负责建筑与装饰的长官(将作大匠)，阎立本后来更被提升为右相，参与国家大事，所以，阎氏的绘画风格在全国范围内产生较大的影响也是很好理解的。

盛唐时期，被称为“画圣”的吴道子活跃于画坛，把中国人物画艺术推向了高峰。苏轼评论唐代的艺术，说“故诗至于杜子美，文至于韩退之，书至于颜鲁公，画至于吴道子，而古今之变，天下之能事毕矣”，说明吴道子在中国绘画中的地位。吴道子在当时长安和洛阳一带的寺院中画了大量的壁画，其中如地狱变等绘画使观者“腋汗毛耸，不寒而栗”。据说许多屠夫见了吴道子的画都不敢再从事屠宰的行当，说明他的画感染力是很强的。而吴道子创造了兰叶描的技法，“其势圆转而衣服飘举”，即所谓“吴带当风”。这种线描的特点在于“用笔磊落”而富于变化，能表现完整的气韵。所以，吴道子奉诏画嘉陵江山水，一日而就。而当时的山水画家李思训画同一题材则用了三个月。由于吴道子的线描水平极高，他常常画完线描，让弟子们上色。弟子们不敢覆盖了他的线描，常常用淡色，以突出他的线描，于是就形成了重线描而减淡色彩的风格。盛唐以后的敦煌壁画中也出现了很多线描技法优秀的壁画作品，可以看作是吴道子一派的绘画风格。如第 103 窟维摩诘经变、第 217 窟龛内南北壁经变画中的人物形象以及第 158 窟涅槃经变中的人物形象等。

盛唐时期李思训、李昭道父子开创了青绿山水画，以青绿重色表现出富丽堂皇的气象，深受时人喜欢。李思训官至右武卫大将军，人称“大李将军”，而把他的儿子李昭道称为“小李将军”。唐代的评论家说李思训为“国朝山水第一”，可惜他的山水画真迹已经不存。台北故宫博物院有传为李思训的《江帆楼阁图》和李昭道的《明皇幸蜀图》，但都是后人临摹品。敦煌壁画中有不少青绿山水画，为我们了解李思训一派山水画的原貌提供了依据。莫高窟盛唐第 217 窟、第 103 窟、第 148 窟、第 172 窟等窟都有不少青绿山水画，特别是第 217 窟和第 103 窟的《法华经·化城喻品》，具有相对的独立性，山水构图完整，线描劲健，色彩绚丽而不俗，体现出李思训画风的特色。

五代以后的敦煌曹氏政权偏安一隅，与中原的联系时断时续，中原绘画的变化不容易影响到敦煌。曹氏政权仿照中原王朝的体制，建立了画院。这一时期的莫高窟壁画都由画院的画工绘制，但缺乏新的变化，逐渐流于形式化而走向衰退。西夏占领敦煌后，新开了一些洞窟，如榆林窟第 3 窟、第 2 窟等，反映出传自中原的新型水墨山水画风。

中国美术发展到两宋以后，山水花鸟画兴起，取代了人物画的地位，特别是文人参与了绘画，引诗、书入画，使中国绘画强调文学性。人们对于绘画的认识、评价往往是重山水而轻人物，重意境而轻造型，形成了中国绘画新的时尚。明清以后的中国绘画进一步发展着这种趋势。从这个意义上说，敦煌艺术为我们展示出一个与传统理念上的“中国绘画”完全不同的世界，即以人物造型为主的美术，通过完美的人物形象来表现佛、菩萨等佛教尊像，通过描绘人间现实的宫殿、风景等来表现佛教天国的境界，是宗教的想象力与表现的写实性完美结合的艺术。

参考文献

[1]松本荣一.敦煌画の研究(图像篇)[M].东京:东方文化学院东京研究所，1937.

[2]姜亮夫.敦煌——伟大的文化宝藏[M].上海:上海古典文学出版社，1956.

[3]潘絜兹.敦煌莫高窟艺术[M].上海:上海人民出版社，1957.

[4]敦煌文物研究所编.敦煌研究文集[M].兰州:甘肃人民出版社，1982.

[5]敦煌文物研究所编.中国石窟·敦煌莫高窟(1~5卷)[M].北京:文物出版社，1982~1987.

[6]敦煌研究院编.敦煌石窟鉴赏丛书(1~3辑)[M].兰州:甘肃人民美术出版社，1991~1995.

[7]伯希和.敦煌石窟笔记[M].耿升，唐健宾，译.兰州:甘肃人民出版社，1993.

[8]段文杰.段文杰敦煌艺术论文集[M].兰州:甘肃人民出版社，1994.

[9]赵声良，张艳梅．莫高窟[M]．北京:知识出版社，1995.

[10]东山健吾．敦煌三大石窟[M]．东京:讲谈社，1996.

[11]宿白．中国石窟寺研究[M]．北京:文物出版社，1996.

[12]姜伯勤．敦煌艺术宗教与礼乐文明[M]．北京:中国社会科学出版社，1996.

[13]古丽比亚，赵声良．飞天史话[M]．台北:如闻出版社，1998.

[14]季羡林，等．敦煌学大辞典[M]．上海:上海辞书出版社，1998.

[15]敦煌研究院．敦煌石窟全集[M]．香港:商务印书馆，1999~2005.

[16]荣新江．敦煌学十八讲[M]．北京:北京大学出版社，2001.

[17]史苇湘．敦煌历史与莫高窟艺术研究[M]．兰州:甘肃教育出版社，2002.

[18]樊锦诗，赵声良．灿烂佛宫－敦煌莫高窟考古大发现[M]．杭州:浙江文艺出版社，2004.

[19]贺世哲．敦煌石窟论稿[M]．兰州:甘肃民族出版社，2004.

[20]施萍亭．敦煌习学集[M]．兰州:甘肃民族出版社，2004.

[21]赵声良．敦煌艺术十讲[M]．上海:上海古籍出版社，2007.

后记

学习传统文化并从中汲取精华为当今社会服务，这本来是每个国家、每个民族都在努力做的一件事。但在中国较为特别的是由于我们经历了一个不寻常的时代，曾经因为一些错误的政治导向，而对传统文化进行过大破坏。那一段历史虽然已经过去了，但时至今日仍不能说其影响已经被消除。所以，今天中国的现代人对自己的传统总有一种无形的隔膜。不仅如此，在经济发展的大潮中，受某些片面强调经济效益倾向的影响，传统文化在人们的心目中，仍然是不太重要，或者是“不能创造价值”的东西。所幸的是，近年来随着国家对文化战略的重视，传统文化开始在人们的心目中复苏。它体现在普通的人对传统文化越来越重视，甚至“四书”“五经”这些颇有难度的书籍也成了热门的话题。应该说这是一个十分令人欣慰的现象，至少说明了中国人对自己传统文化在认识上的一种觉悟。当然，这一点是与很多专家学者的努力分不开的。因为传统文化本来就包含着无限丰富的内涵，其中有不少对我们今天的社会是十分重要的。但是如果没有人把它很好地解读出来，对于大多数人来说，可能会由于专业修养的不足而得不到其中大量的信息。

这一点给我们的启示就是：专家学者们当然要对所研究的领域作更加深入的研究，但是同样也应该承担起社会责任，就是把那些深奥的传统文化解读出来，传达给普通的人。因为能作深入研究的学者毕竟是少数，而广大的民众同样也需要传统文化的养分来加强自身的修养，充实自己的生活。

敦煌艺术，虽然已经广为人知，但是在很多人的印象中，敦煌，包括很多古代文物似乎都是陈旧的、灰暗的、尘封土闭的、缺乏活力的……如果真是那样，我们难道还需要继承这样僵死的艺术吗？事实上，正如很多研究者所看到的那样，敦煌艺术是无比精湛、无比辉煌且充满了活力的。对于现代艺术的很多门类来说，是取之不尽、用之不竭的源泉。作为长期在敦煌工作的学者，深感有必要把敦煌艺术的真髓解析出来，让更多的人从本质上了解并理解敦煌艺术。

这本书就是尝试向普通读者谈谈敦煌艺术是什么。由于敦煌艺术博大精深，加之作者水平有限，在这一本小书中不可能把敦煌艺术的全部内涵讲完讲透，只是以此提纲挈领地把敦煌艺术的特点大致介绍出来。如果能通过此书引导读者进入敦煌艺术的殿堂，则十分满足。

需要说明的是，由于敦煌艺术博大精深，壁画内容及艺术表现等方面还有很多领域是当今的研究未能完全穷尽的，还有一些壁画内容虽经前人研究而定名，但在今天看来仍有可商榷之处。随着学术研究的发展，以前的定论也许会有所改变。但是，本书是面向非专业人员的通俗读物，并非学术研究性著作，所以书中牵涉佛教、历史、考古等专业性问题时，尽量采用学术界通常认定的观点，对不同学术观点不再一一罗列。

在本书出版之际，谨向长期以来鼎力支持我从事敦煌艺术研究的樊锦诗先生，长期以来热情鼓励我进行研究，并不断在学习和研究上给予我无私帮助的柴剑虹先生、荣新江先生表示衷心的感谢！